마음의 빛

호모 룩스

| 일러두기 |

이 책에 수록된 몇몇 작품은 저자와의 연락이 닿지 않아 부득이하게
게재 허락을 받지 못했습니다. 출판사로 연락을 주시면 허락을 받고
게재료를 지불하겠습니다.

마음속 어둠을 걷어내는
어느 심리치료사의 빛나는 통찰

마음의 빛

호모 룩스

Homo Lux

박정혜 지음

odos

프롤로그

prologue

호모 룩스

마음의 빛을 향하여

인간의 학명은 호모 속 사피엔스 종입니다. '호모 사피엔스'는 생각이 깊고 슬기롭고 현명한 인간이라는 뜻이지요. 이 '호모' 속의 뒤 종 이름을 창의적으로 붙인 몇몇 이름들이 있습니다.

'호모 루덴스'를 붙이면 '유희하는 인간'이 됩니다. 네덜란드 문화사학자인 요한 하위징아가 1938년에 제창한 개념입니다. 인간의 본질을 유희라고 정의한 것이지요. 최근

에는 이 말에서 파생된 신조어가 생겨났습니다. 바깥보다 집에서 놀고 휴식하는 사람들을 가리켜 '홈 루덴스'라고 일컫지요. 2009년 제러미 리프킨의 《공감의 시대》라는 책에서 나온 '호모 엠파티쿠스'도 있습니다. 공감하는 인간이라는 뜻입니다. 그는 21세기가 인간의 공감 본능이 이끌어 가는 '공감의 시대'가 될 것으로 보았습니다. 과도하고 과몰입된 경쟁 시대에 절실한 것이 바로 '공감'인 것입니다.

2016년에 생물학자 최재천은 이를 '호모 심비우스'라고 했습니다. '심비우스Symbious'는 생물학적 용어로 '공생'을 말합니다. 호모 심비우스는 다른 생물들과 공존하기를 염원하며, 지구촌 모든 이들과 함께 평화롭게 살기를 원하는 인간이라는 의미를 담고 있습니다.

2017년에 유발 하라리는 '호모 데우스'라고 새롭게 명

명했습니다. 데우스Deus는 '신God'이란 뜻이니, 이 말은 '신이 된 인간'이라고 할 수 있겠지요. 인간이 인류의 재앙, 전쟁, 역병을 진압하고 신의 영역인 불멸, 신성까지도 다다를 수 있다고 보는 것입니다. 즉, 인류가 신한테서 구원을 찾기보다 사회 안에서 해결책을 찾고 과학과 이성의 힘으로 위기를 극복한다는 것에 창안하여 명명한 것입니다. 호모 데우스는 찬란한 바벨탑인 셈입니다.

이에 전면적 대응으로 《데우스 호모》(인간이 되신 하나님)라는 책이 최인식이라는 기독교학자에 의해 발간되기도 했습니다.

이제 다른 얘기를 해보고자 합니다. 인간 영혼의 핵심은 '빛'입니다. 이 빛은 외따로 존재하지 않습니다. 우주의 에너지, 신과 합일을 이루고 있습니다. 망각하고 있거나 부인하는 이한테도 이 '빛'은 존재합니다. 빛은 살아있는 실체이고, 생명의 원동력입니다. 성경의 고린도전서 13장의 말씀대로입니다. 지금은 어렴풋이 알지만, 육체의 지배를 벗어나서는 온전히 알게 되겠지요. '빛'의 속성은 '사랑'이고, 그 영향력은 '긍정 에너지'입니다. '빛'은 라틴어로 '룩스Lux'라고 합니다. 그래서 사랑의 빛을 가진 치유의 인간을 '호모 룩스'라고 할 수 있습니다.

제가 '호모 룩스'라는 말을 쓴 것은 2021년 1월 13일자 '새전북신문' 칼럼을 통해서입니다. 모든 인간은 '마음의 빛'을 지닌 채 영혼의 성장을 목적에 두고 이 세상에 태어났습니다. 오쇼 라즈니쉬에 의하면 신, 삶, 진리, 사랑은 한 뿌리에서 나온 네 가지 이름입니다. 이 모든 것은 '사랑'으로 의미를 갖습니다. 철학자 레비나스도 이를 '빛'이라고 표현했지요.

'호모 룩스'는 신과 연결된 사랑으로 치유의 에너지를 지닌 인간을 말합니다. 빛은 절대 사라지지 않습니다. 많이 아플수록 빛은 은폐되어 있을 뿐입니다. 다만, 빛이 있다고 인식하고 가려진 것을 들춰내면 됩니다. '호모 룩스'는 치유가 절실한 현시대에 가장 적합한 명명일 것입니다.

여기, 호모 룩스를 위한 문이 있습니다. 문을 열고 들어서면 세상과 연관된 이야기들과 만날 수 있습니다. 한꺼번에 모든 문을 열 수도 있겠지요. 그렇게 하고 나서라도 한숨 돌리면서 한 번씩 다시 문을 열어 보는 것은 어떨까요? 이곳에는 나뭇잎에 머물다 온 초록 햇살이 있습니다. 그윽하고 맛있는 차도 있습니다. 하늘을 마음껏 날고 있는 구름이 보이는 잘 닦인 창문도 있습니다.

원하는 만큼 머물다가 가슴과 등을 어루만져주는 기운을 충분히 느낄 때, 서서히 일어나 보셔도 좋겠습니다. 문을 열고 나설 때마다, 또 다른 문이 열릴 때마다 찬란한 빛이 함께 합니다. 그 빛이 삶의 발걸음을 산뜻하고 가

볍게 이끌어 줍니다. 이렇게 우리가 함께 이어지듯이, 마지막 문은 다시 처음으로 이어져 있습니다.

2023년 5월

박정혜

차례

지금을 놓치지 마

자신을 사랑하는 법

굳어진 마음에 찬물을

호모 룩스

Homo Lux

충분히 아름다운 당신

You are beautiful enough

꽃보다 아름다운 인간

변화

인간은 만물의 척도이다. 있는 물질에 관해서는 있다는 것의, 있지 않은 물질에 관해서는 있지 않다는 것의 척도를 자신의 견해로 효과적으로 주장할 수 있어야 한다. 그리스 철학자 프로타고라스의 명제이다. 단언하자면, 이 말은 지극히 위험하다.

인간은 해롭고 이로운 것을 인간만의 지각으로 판단해 왔다. 해로운 것은 죽이고, 이로운 것은 장려했다. 문화나 패러다임도 그러하다. 옳고 그름에 대한 확고한 가치 판단 기준이 사회와 문화를 변혁시켜 왔다. 성장을 위해서는 반드시 가치관을 가져야 한다. 개인이든 사회든 그러하다. 중용을 잃어버렸을 때, 역효과가 나타나듯이 가치관 또한 그러하다. 정치나 종교 이야기를 하면 싸움으로 끝난다는 말이 있을 정도다. 알고 보면, 그 가치관도 각고의 노력으로 갈고 다듬은 것도 아니다. 주로 청소년 시기를 거쳐 이뤄지는 가치관은 양육자와 속한 사회의 분위기에 자신도 모르게 형성된 것이다. 가치관은 성격과 맞닿아 있다. 인간은 7세까지 결정적인 성격이 이뤄진다. 부드럽고 따뜻하고 애정 가득한 환경이라면 더할 나위 없겠지만, 그런 경우는 참으로 드물다. 여러 가지 이유에 의해서인데, 간추리자면 삶은 냉혹하고 사회는 혹독하다. 뜻한 대로 이뤄지는 일이 드물다. 개개인의 고난과 역경도 녹록지 않다. 성취보다 절망이 더 많은 것이 인생이다.

가치관은 자신도 모르는 사이에 곳곳에서 활보한다. 가까운 사이, 가족이나 친구한테도 여지없다. 왜 그렇게 행동하고 사고하는지 혀를 찰 일이다. 손사래를 치거나 비난의 눈치를 주기 일쑤다. 심지어는 자신한테도 가차 없다. 내가 왜 그랬을까 하는 후회로 자신을 들들 볶는다. 그러자니 칭찬을 할 수가 없다. 도무지 이해할 수 없는 행동을 하는데 무슨 칭찬이람? 칭찬받을 행동을 해야 칭찬을 하지. 이런 시선을 통해 부정은 부정을 낳는다. 이것은 에너지 문제다. 부정의 시선을 거두지 않으면 더욱 악화일로를 걷게 된다. 잣대만 들이밀면 희망은 없다. 인간이 꽃보다 아름다운 것은 '변화'할 수 있기 때문이다. 성격도, 인격도 향기롭게 변화할 수 있다. 가까운 사람이 부디 그러하기를 바라는가? 당장 내 가치관으로 함부로 상대를 재단하려는 속셈부터 내려놓자. 상대방의 입장에서 생각해 보는 것이 다가 아니다. 양자 물리학을 삶 속에 적용해 본다면, 놀랄만한 일이 일어난다. 품고 바라보는 생각에 따라 달라진다. 내가 가진 에너지대로 상대방이나 상황이 거울처럼 반영한다.

매번 차고 올라오는 생각은 옳고 그름에 대한 가치관이다. 익숙한 것을 내려놓는 것은 쉽지 않다. 그렇지만 해낼 수 있다. 인간에게는 에너지의 흐름을 바꿀 수 있는 힘이

있다. 그것은 바로 따뜻하게, 긍정적으로 생각하며 상대
방을 바라보는 것이다. 상황을 변화시키는 힘은 당신에게
달려있다.

변화

인간은 변화하는 존재다. 그 변화가 추종하는 방향에 따라 긍정 혹은 부정으로 나뉜다. 육체를 쫓아가다 보면, 한계에 도달하기 마련이다. 육체의 변화는 성장과 퇴화의 수순을 밟기 때문이다. 반면, 내면은 그렇지 않다. 숨을 쉬는 순간까지 내면은 성장할 수 있다. 그것이 바로 진정한 의미에서의 희망이고, 꽃보다 아름다운 인간이라고 할 수 있는 이유다.

가면과 하나가 되고

페르소나와 동일시

무대 공포증이 있는 한 배우가 있다. 가장 역할도 제대로 하지 못하는 처지다. 어느 날 은밀한 제의가 들어온다. 김일성 대역을 해보라는 것이다. 밀도 깊은 세밀한 연기 지도와 주체사상까지 지도받는다. 거울을 보고 수도 없이 되뇐다. 자신은 김일성이라고. 비밀 프로젝트 덕택에 집안의 사정이 나아진다. 정상회담 리허설을 앞두고 공식적인 남북정상회담이 갑자기 무산되고 프로젝트도 취소되고 만다. 하지만 배우는 뼛속까지 김일성이 되어버린 후였다. 결국 그는 정신병원에 입원하게 된다.

영화 〈나의 독재자〉의 줄거리다. 이런 현상을 심리학 용어로 '동일시'라고 일컫는다. 어떤 대상을 동경한 나머지 자신이 그 대상이 된 것처럼 느껴 실제로는 실현할 수 없는 만족을 얻게 되는 심리 메커니즘이다. 최근 영화 같은 상황이 일어났다. 이번에는 김일성이 아니라 피부과 의사이다. 피부과를 개업하고 의사가 되어 마음껏 시술을 했다. 피해를 입은 환자들이 속출하자 들통나고 말았다. 그의 행각은 화려한 사기 경험을 바탕으로 기업의 보안 컨설턴트가 된 프랭크 윌리엄 애버그네일 주니어Frank William Abagnale, Jr를 떠올리게 한다. 겨우 17세의 나이에 프랭크는 팬암사의 파일럿, 하버드 의대 수석 졸업, 예일 법대 출신 변호사로 둔갑하면서 사기를 치고 다녔다. 50개 주 은행을 순회하며 무려 140만 달러를 횡령한 희대의 사기꾼이었다. 그렇지만 그도 외과 의사를 사칭했을 때에 직접 치료하지 않았던 양심은 있었다고 한다. 그의 행적은 〈캐치 미 이프 유 캔Catch Me If You Can〉이라는 영화로 만들어졌다. 또 다른 사기꾼 관련 영화로 〈리플리The Talented Mr. Ripley〉가 있다. 퍼트리샤 하이스미스Patricia Highsmith의 소설을 원작으로 한 영화다. 리플리는 우연히

선박 부호의 눈에 띄게 되고 부호의 아들과 동문이라는 거짓말을 하게 된다. 거짓들은 거짓을 양산해내고 거짓을 보호하기 위해 급기야 부호의 아들을 살해하게 된다. 그 후 자신이 바로 부호의 아들인 양 행세하다가 들키려고 하자 친구까지 죽인다. 영화 속 리플리처럼, 자신이 만들어낸 허구에 머물면서 그것을 합리화하기 위해 거짓된 언행을 계속하게 되는 정신적 증상을 '리플리증후군 Ripely syndrome'이라고 한다.

피부과 의사를 사칭했던 '홍원장'은 '나의 독재자' 속의 주인공처럼 지금 정신병원에 있어 검찰송치가 지연되고 있다. 홍원장이 썼던 가면은 우리에게 익숙하다. 가진 자, 배운 자에게 보이는 주위의 대접과 부러움에 찬 시선들. 군림하는 권위의 맛에 달콤한 물이 들어 가면과 하나가 되고 말았다. 스스로 온전하게 속하지 않는 열망, 주위의 눈치로 인한 헛된 자부심이 결국 그를 파멸시키고

만 것이다. 지금, 이 글을 읽고 있는 당신은 어떠신가. 언제라도 벗을 수 있는 가면인가, 가면과 하나가 되고 말았는가?

페르소나와 동일시

사회적 가면이라고 일컫는 '페르소나persona'는 인간이라면 누구나 쓸 수밖에 없는 처지이긴 하지만, 혼자만의 시간에는 과감하게 훌쩍 벗어던지고 본래의 자신을 들여다볼 줄 알아야 한다. 그러지 못할 때, 사회적 역할에 빠져버려 진정한 자신을 잃을 수밖에 없다. '동일시'는 타인이나 사물에 심리적 유대감을 갖고 그 속성에 동화하는 것을 말한다. 자기를 염두에 두지 않고 바깥에 휘둘린다는 점에서 페르소나와 동일시는 공통점을 가지고 있다.

특별한 기회

내사

감염과 전염의 시대다. 병원체가 숙주의 체내로 침입하여 증식, 기생상태가 성립한 것을 감염이라고 한다. 이 감염이 잇따라 전하여져 가는 상태를 전염이라고 한다. 코로나19만의 문제가 아니다. 심리적 감염과 전염의 세상이다.

친자식을 구타하거나 방치해서 죽인 경우도 허다하다. 인간의 심리는 알면 알수록 오묘하다. 누구나 자신만의 견고한 세계 안에 갇혀 있다. 자신도 모르는 사이에 형성되어 왔다. 격분과 신경질, 우울과 의심, 좌절과 자기비하 등등의 부정적 심리가 딱히 이유 없이 일어나기도 한다. 혹은 어떤 일이 촉매가 되어 일어나기도 한다. 때때로 휘몰아치는 감정의 소용돌이가 행동으로 옮겨진다.

호되게 질책하고 고함을 지르거나 싸잡아서 비난을 퍼붓기도 한다. 감정을 폭발시켜 놓고 나서도 시원하지가 않다. 서로 상처를 받거나 관계가 악화된다.

습관처럼 불거지는 언행에 대해 수정하고 싶은 마음이 들기도 하지만, 잘되지 않는다. 평생을 그렇게 반복해서 살아간다. 자신이 만든 세계에 갇혀서 꼼짝할 수가 없는 것이다. 깨닫고 노력한다고 순식간에 되는 것도 아니다. 생각해보자. 아동학대를 행한 부모는 자신도 그렇게 자라온 것이다. 애정과 조건 없는 사랑을 듬뿍 받으면서 자라왔다면 그런 마음을 낼 수 있다. 그 반대라면, 끔찍하다.

어느 순간 자신의 세계가 익숙한 상태로 자동 작동한다. 조금 더 들여다보면, 자기 자신조차 온전하게 사랑하지 않는다. '사랑'이라는 말을 사정없이 비틀어 마구 쓰는 이 세태로 보건대, 자신을 사랑하고 있다고 착각한다. 하고 싶은 대로 마음껏 하면서 즐겁게 사는 것이 사랑이 아니다. 사랑은 무한한 긍정의 에너지를 향유하는 것이다. 그런 경험이 없으니 당연히 행할 수가 없다. 부모 혹은 양육자가 세운 잣대로 비난받고 질타당하고, 심지어는 학대까지 당해온 경험은 치명적인 바이러스로 감염되어 있다. 그것을 다음 세대한테 고스란히 전염시키게 된다. 자기도 모르는 사이에 자신이 받은 대로 행할 뿐이다. 심리 용어로는 내사(introjection, 타인의 관점이나 주장, 가치관을 깊은 사유 없이 자신의 것으로 받아들이는 내적 태도를 일컫는다) 라고 한다.

정현종 시인은 〈사람이 언제 아름다운가〉라는 시에서 '자기를 벗어날 때처럼 / 사람이 아름다운 때는 없다'라고 했다. 육체가 주어져 있는 이 삶은 자신만의 견고한 껍질을 벗겨 낼 수 있는 특별한 기회다. 아름다운 삶은 익숙함을 벗고자 하는 자신만의 선택에 달려있다.

내사|introjection

심리적으로 영향력이 있는 타인의 가치관이나 삶의 태도를 깊이 생각해보지 않고 자신의 것으로 받아들이는 것을 의미한다. 무비판적으로 받아들여 그대로 따라하기 때문에 고정된 부적응 행동 패턴대로 자동화된 언행을 반복하게 된다. 또 그렇게 하는 것을 스스로 자신의 삶이라고 착각하기도 한다. 내사가 심할 경우 자신의 진정한 욕구조차 잘 모르면서 타인의 기대에 따라 맞추어 사는 것에 익숙하며, 창의적 삶의 태도를 두려워하고 피한다.

까발 콘서트

존경

이상한 콘서트가 열렸다. 극본도 연습도 없는 리얼극
장. 생생한 이야기를 들려주겠다는 이색 문구가 눈에 띄
었다. 이름도 생경했다. '까발 콘서트'라니. 아무에게도 말
할 수 없었던 진실게임을 시작한다고? 일단 가고 볼 일이
다.

가면을 쓴 네 명이 무대에 입장하는 것으로 시작했다.
무대 장치도 없었다. 유일하게 있는 것은 촛불 하나. 무
대에 털썩 주저앉은 그들은 신발을 벗고, 가면을 벗었다.
촛불을 자신 앞으로 당겨오면 주인공이 되어 이야기를
시작했다. 등장인물 중 유일한 여자가 입을 열었다. "내
인생에서 가장 힘들었을 때는, 제가 천사도 되고 악마도
되는 순간이었습니다." 여자는 갈라진 음성으로 자신의

이야기를 꺼내기 시작했다. "제 어머니는 경계성 성격장
애입니다. 저는 그 사실을 너무나 잘 알고 있습니다." 여
자는 단 일 년을 제외하고는 평생을 어머니와 같이 살았
다고 했다. 불과 삼 년 전, 이 지역으로 이사를 오고 나
서 어머니는 혼자 지내다가 관절염이 도지고 식사도 제
대로 안 해서 와상 상태가 되었다고 했다. 근처 요양병원
으로 모시기까지 우여곡절이 많았다고 했다. 한 달 반 만
에 집으로 모시고 왔는데, 그때 어머니가 너무 좋아하시
더라고 했다. 요양병원에 계실 동안 목욕, 기저귀 갈기,
손발톱 깎기를 직접 해드렸는데, 어머니가 자신을 천사라
고 했다는 거였다. 그런 말을 들으려고 한 것은 아니었지
만, 기뻤다고 했다. 평상시 어머니는 작은 일에 민감해하
고 사나우셨는데, 신기하게도 차분해졌다는 것이다. 심
지어는 밥을 차리면, 공손하게 절을 하듯 고개를 숙이면
서 "감사합니다"라고 하며, 네가 아니었으면 죽었을 거다.
고맙다, 고마워, 이런 말을 연달아서 했다고 한다. 나중

에는 황송해질 정도로 고맙다고 했다 한다. 그 '천사'라는 말은 오래가지 않았다고 했다. 반년이 지나기도 전에 어머니는 익숙한 욕설을 내뱉더니, 여자를 '악마'라고 불렀다고 한다. 어머니를 모시기 위해 다른 도시에 있던 짐들을 정리하고, 간단히 추슬러서 이사를 왔다. 어머니가 찾는 물건이 보이지 않다는 것이 이유였다. 악마라는 소리를 처음 들은 것은 중학교 일학년 때였다. 승차권을 사야겠다고 말하는 순간, 돈 좀 작작 쓰라는 말과 함께 악마라는 소리를 두 시간 동안 했다. 그때, 화장실 거울을 보면서 따라 했다. 너는 악마야. 못된 년. 그때 이후 수시로 악마를 불러냈고, 급기야 몸이 회복되자마자 악마라고 몰아세우더란 얘기다. 언젠가 아이를 잠시 맡기고 직장생활을 할 때였는데 전화를 하자 아이가 대뜸 "악마다!"하고 전화를 끊었다고 했다. 나중에 왜 그랬냐고 물어보니, 할머니가 계속 네 엄마는 악마라고 했다는 거였다. 숱한 날 동안 어머니로 인해 죽고 싶었는데, 이제 여든일곱인 어머니의 손을 가만히 잡는다고 한다. 평생 어머니는 자신에게 어두운 그림자였지만, 그 어머니 때문에 치료사가 될 수 있었다고. 삼 년 전의 위기도 이렇게 지나고 보니 괜찮다고 했다. 오래도록 절대 마음이 허락하지 않았던, 어머니한테 '존경'과 '사랑'이라는 말을 붙이는 것. 이제는 얼마든지 붙일 수 있다고 했다. 어머니, 사랑합니다. 그리고 존경합니다.

여자의 앞에 촛불이 치워졌다. 콘서트의 막이 내렸다. 극본도 순서도 없는 이상한 콘서트는 결국 열지 못했다. 누군가는 사회적 가면, 페르소나persona를 벗는 것이 어디 그리 쉬운 일인 줄 아나, 그럴 줄 알았다고 했다. 해서, 나는 글로 모노드라마를 연출했다. 나 혼자서 주인공이자, 관객인 이상한 콘서트. 글자가 무대 위로 활보하는 신기한 콘서트.

존경

존경尊敬은 받들어 공경하는 것이다. 흔히 타인의
인격, 사상, 행위 따위를 공경할 때 쓴다. 존경할만
한 대상한테 존경하는 것은 자연스럽지만, 자신의
가치와 판단 같은 기준이 작용하기 마련이다. 무수
한 트라우마를 줬던 대상도 과연 존경할 수 있는
가? 그것은 내게 주어진 삶을 인정하는 것을 뜻한
다. 그럴 때 오랫동안 머물던 부정 에너지를 걷어
낼 수 있다. 그것이 바로 놀라운 의식의 혁명이다.

마음의 빛

프로이트와 융

사람들은 누구나 세 개의 삶을 산다. 공적인 하나, 개인적인 하나, 그리고 비밀의 하나. 영화 〈완벽한 타인〉은 이렇게 끝난다. 영화는 개인의 비밀을 공개하면서 일어나는 사건을 담고 있다. 이른바 '진실게임'. 현대인들한테 그것이 얼마나 위험한 놀이인지 말하고 있다. 핸드폰이 까발려지는 순간, 파멸의 순간들이 닥친다.

　남자들은 대부분 아내 외 상대를 두고 있다. 아내들도 예외는 아니다. 삼십 년 지기 친구이지만, 어김없이 은밀한 따돌림이 존재한다. 앞에서는 친한 척하지만, 뒤돌아서서 욕하는 심보가 고스란히 탄로 난다. 비밀이 들통나자 그것을 숨기려다 겪는 해프닝이 숨 막힐 지경이다. 죽고 못 살 정도로 애정을 과시하지만, 다른 여자가 있다는 사실을 알자 차갑게 돌변한다. 영화는 지독히도 프로이트Sigismund Freud적이다. 무의식에 꿈틀대는 성적에너지인 리비도libido가 삶을 좌우한다는 이론에 충실하다. 영화의 시작에서도 나왔지만, 이들이 만난 때인 '월식'은 상징적 의미를 지닌다. 영화 속 영배는 이렇게 말한다.

"사람의 본심은 월식과 같아서 잠깐 가릴 수는 있어도 금세 돌아와 본 모습을 보여주거든."

프로이트식 '본심'은 성과 공격으로 질척인다. 어떤 식으로든 그걸 가릴 수 없다. 분석심리학자 융에 의하면 '본심'은 그렇지 않다. 살아 움직이는 실체, 우주의 에너지와 닿는 곳이다. 심상 시치료 (Simsang-Poetry Therapy, 감성과 감수성으로 접근하여 오감과 초감각을 통틀어 활성화시켜 궁극적으로 인간의 영혼을 치유하는 방식) 에서는 그곳을 '빛'이라 칭한다. 그 빛은 생명의 탄생부터 시작해서 영원히 존재한다. 살아가면서 자신도 모르는 동안 그 빛을 숱하게 가리게 마련이다. 많이 가릴수록 부정 에너지에 휩싸이게 된다. 그 빛은 서영은 소설의 《황금 깃털》이 아니다. 사회의 병폐에 물들지 않는 선량한 마음 정도와는 차원이 다르다. 하나씩 뽑아 낼 때마다 좌절하며 세속과 타협하는 것은 더더구나 아니다. 융의 말을 빌리자면, 그 빛은 신의 은총이 깃든 자리다. 사라지지도 줄어들지도 않는다. 그것이 진정한 본심이고, 비밀이다. 이 엄청난 비밀을 온전히 자각하면, 삶의 형태가 바뀐다. 마음의 핵심인 빛으로 가는 과정을 '마음의 빛을 찾아서'라고 한다. 융식으로 말하자면, '자기실현'이다. 이것이 바로 인간의 핵심적인 과제이다. 분석심리학자 이부영 (한국융연구원 원장) 의 말에 의하면, 자기실현은 엄숙한 것도 심각한 것도 아니다. 개인이 '평범한 행복'을 구현하는 과정이다. 바로 당신 자신이 되는 것이기 때문이다.

영화 시작에서는 유년기, 이들이 영랑호를 두고 다퉜던 모습을 보여준다. 훗날 석호는 이렇게 말한다.

"영랑호가 호수인지 바다인지 정답이 없죠. 바닷물도 있고 민물도 있으니까."

삶에 정답은 없다. 다만, 깊은 물을 건너 다른 대륙으로 갈 수도 있느냐, 아니면 얕은 물에 발만 담그고 노느냐의 차이가 있을 뿐이다. 프로이트식으로 보자면, 세상은 욕동의 지옥이다. 융식으로 보자면, 세상은 자기실현에 안성맞춤인 성찰의 장이다. 그리하여 인간은 각자 외딴 섬이 아니라 깊은 곳에서 모두 이어져 있을 따름이다.

프로이트와 융

융은 프로이트의 정신분석을 전폭 지지했다. 1903년에는 프로이트의 자유연상과 억압을 객관적으로 측정할 수 있는 단어연상검사를 개발하기도 했다. 그러다가 1912년 융은 인간의 내면에는 오로지 성과 공격의 욕동 에너지가 작용한다는 프로이트 이론에 반기를 들고 '분석심리학'을 창시했다. 융은 집단적 무의식의 측면에서 통합된 마음을 '자기'라고 표현했으며, 이곳에 신, 또는 우주의 에너지가 깃들어 있다고 했다. 인간은 개별적으로 존재한다는 것과 인간이 초월적 존재와 연결되어 있다는 것이 프로이트와 융의 결정적인 변별점이다.

〈매스MASS〉에 대하여

〈매스MASS〉

고등학생 아들이 숨졌다. 동급생 헤이든이 휘두른 총
기로 인해서다. 죽은 이들 중에 에번이 있었다. 범행 직
후 헤이든은 스스로 목숨을 끊었다. 누구한테 분노를 뿜
어내야 할까. 제대로 숨을 쉴 수도, 잘 수도 없다. 사건이
일어난 지 육 년이 흘렀지만, 트라우마는 여전하다. 이대
로는 도저히 살 수가 없어서 도움을 청했다. 그렇게 헤이
든의 부모를 만났다. 무슨 말이라도 들으면 상처가 조금
이라도 사그라질까?

장소는 교회 안. 모임을 주도한 상담사는 방안을 둘
러보다가 시선을 멈춘다. 하트 모양의 스테인드글라스에
갈가리 나뉜 무늬가 있다. 딱히 어쩔 도리가 없어 그대
로 진행하기로 한다. 동그란 탁자가 있는 네모반듯한 방

에 두 부부가 들어왔다. 헤이든 모친이 가져온 소박한 꽃이 한쪽으로 치워진다. 살아있는 달팽이를 넣는 것이 마음에 걸려 병에 달팽이 형상을 오려 붙이고 다녔다는 헤이든의 어린 시절 얘기를 꺼낸다. 중학교 때 수학교사를 사랑했는데 교사가 전근 간 이후 우울증에 걸렸다는 얘기도 한다. 늘 외톨이였고, 동료들로부터 괴롭힘을 받다가 컴퓨터 게임에 빠졌다고 했다. 게임을 하며 웃기도 해서 부모는 안심했다고 한다. 게임은 창의성을 가져다 주는 것이고, 인터넷 안에서 친구를 만난다고 생각했다는 거였다. 급기야 사제 폭탄을 만들고, 동급생 부친의 총을 훔쳐서 끔찍한 사건을 저지르고 말았다. 헤이든의 모친은 이렇게 말한다. "누가 뭐래도 우리 사랑은 진짜였어요." 무차별한 동급생 사살을 다룬 2011년 영화 〈케빈에 대하여〉는 가해자 엄마로 살아가는 것이 얼마나 처참한지 잘 보여주고 있다. 그에 못지않은 비난을 경험했을 헤이든의 모친은 이렇게 말한다. "나도 답을 찾고 싶어요. 내가 사랑으로 키운 애가 그런 짓을 했으니까요. 답이 없을지도 몰라요." 답이 없는 곳에서 답이 나온다. 최고의 풋볼 선수는 온몸을 더럽히는 것이라 믿었던 12살의 에번을 떠올리는 모친. 진흙투성이가 된 채 눈빛을 빛내던 에번을 기억하며, 모친은 속마음을 꺼낸다. 두 사람을 용서하면 애를 진짜 잃을 것 같았다고. "이건 에번 문제가 아니야. 바뀌지 않는 과거에 집착하는 게 너무 고통스러워. 더는 과거에 휘둘리고 싶지 않아. 계속 이러면 다시는 에번을 못 볼 것 같아. 난 그 애를 꼭 봐야 해. 우린 다시 만날 거야. 내가 용서하고 다시 사랑하게 되면 그 애를 안을 수 있어. 그러니까 할 거야. 용서할게요."

방에는 미켈란젤로의 벽화 '천지 창조'에 나오는 몇몇 인물이 걸려있다. 델포이의 시빌라가 가장 정면에 있다. 해와 달을 창조하는 하느님도 존재한다. 에번의 모친은 방을 나오기 직전, 한 그림을 지그시 바라본다. 터널을 벗어난 존재들이 광채 가득한 하늘로 올라가고 있다. 영화의 마지막에서는 성가대의 찬송 소리가 들려온다. 에번의 부친은 벅찬 표정으로 그 노래를 마주한다. 간간이 등장하는 철조망의 붉은 깃발은 하나의 표식이다. 고통의 순간이 바로 성장의 순간이라고 말하는 듯하다. 영화 〈매스MASS〉는 도무지 해결할 수 없는 삶의 비극에 대해 궁극적으로 어떻게 해야 할지를 알려준다. 메시지는 강렬하고 영적이다.

매스MASS

매스에는 크게 두 가지의 뜻이 있다. 하나는 '부피를 가진 하나의 덩어리'라는 뜻이다. 미술 용어로는 양감이라는 말로도 쓰인다. 영어식 표현에서는 형용사로 대량, 대규모, 대중적인이라는 말로도 쓴다. 다른 하나는 '미사'라는 뜻인데, 특히 로마 가톨릭교에서 미사를 지칭한다. 영화 속에서 매스는 내면의 응어리진 마음을 온전히 내맡기고 은총을 입는다는 내용으로 절묘하게도 두 가지 의미가 함께 들어있는 듯하다.

당신의 인생은 성공인가?

〈어부〉

당신의 인생은 성공적이신가. 이 질문에 자못 당황하거나 억울한 마음이 든다면, 송구하다. 성공적이지 못하다는 사실이 드러나는 순간이다. '성공'이 무엇이냐고 물어보면 고개를 갸웃거리면서 이렇게 답할 수 있을 것이다. 원하는 것을 이루는 것 아니냐고. 원하는 것이 무엇이냐는 말에는 잠시 주저하다가 올해의 목표, 이번 달의 목표, 혹은 버킷리스트를 읊을 것이다. 그것을 다 이루면 성공이냐, 혹시 이루지 못하면 실패한 것이냐고 물어보면 당황할는지도 모르겠다. 그런 것 같기도 하고 아닌 것도 같을 것이다.

누구나 성공을 꿈꾼다. 실패하려고 살지는 않는다. 그렇지만 살다 보면 무수한 실패의 순간이 있다. 하는 일마다 단 한 번에 모조리 이뤄지는 경우는 거의 없다. '성공학'이라는 말이 있을 정도로 누구나 성공을 갈망한다. 원래 학문이 아님에도 불구하고 '학'을 붙일 정도로 성공에 대한 열망이 높다. 눈에 보이는 것 위주로 성공을 정할 때 허망하기 그지없다. 돈, 권력, 부귀영화가 그렇다. 그 모든 것을 가지면 행복할 것 같지만 그렇지 않다. 《감응력》을 쓴 페니 피어스(Penny Pierce, 미국 뉴저지 오듀본 출생. 상식적인 방법으로 인간의 능력을 확장시켜 고차원적 지각과 영성을 개발하도록 돕는 투시력, 직관력 전문가)의 말에 따르면 보이는 것에 대한 추구는 두려움과 탐욕 같은 부정적 감정을 일으킨다. 성공에 대한 새로운 정의가 필요하다. 이상한 나라에 간 앨리스가 길을 물었을 때 체셔 고양이는 어디로 가기를 원하냐고 묻는다. 그걸 모르겠다고 앨리스가 말하자 어디로 가는지 모르면 아무 데도 갈 수가 없다고 체셔 고양이는 답한다. 도대체 어디로 가야 할 것인가?

그랜트 연구는 1939년에 시작한 장기 프로젝트다. 하버드대학교 2학년 남학생 268명을 대상으로 진행하였다. 선발된 학생들은 탁월한 배경과 능력을 지니고 있었다. 이들을 종단 연구한 결과는 이러했다. 연구 대상자의 약 삼십 퍼센트는 성공적인 삶이었고, 삼십 퍼센트는 실패의 삶이었다. 성공적인 삶이라고 하는 이유는 고통스러운 문제를 당하지 않아서가 아니었다. 위기에 처했을 때 기회로 전환하는 특별한 능력을 발휘했기 때문이었다. 연구를 진행한 조지 베일런트(George Vaillant, 미국의 정신의학자)는 이를 '자아의 연금술'이라고 했다. 문제 상황에서 자신을 돌보기 위해 사용하는 심리학적 대처방법을 일컫는다. 구체적으로는 이타적 행동과 승화, 유머와 억제가 있다. 그러니 '성공은 역경의 극복'이라고 할 수 있다. 이런 시각에서 보면, 고난을 겪고 있는 이는 잠재적으로 성공자들이다. 역경을 겪는 이들은 성공을 배태하고 있다. 아무리 힘들더라도 살아있다면 희망이 있다.

역경의 극복이 성공이라면, 행복은 극복을 이루는 순간에 찾아온다. 영국의 소설가인 로버트 루이스 스티븐슨Robert Louis Stevenson에 의하면, 그럴 때 우리는 상승하는 구조 속에 끝없이 이끌리게 된다. 그런 경험은 결국 독일 사상가 에크하르트Johannes Eckhart가 말했던 '내가 신을 보는 그 눈으로 신은 나를 바라보신다'라는 경지에 이를 수 있다. 신이 고난을 주는 이유는 자명하다. 축복을 위해서다. 그 축복은 오로지 '영혼의 성장'에 있다. 김종삼의 시 '어부'에 나오는 말처럼 살아온 기적이 살아갈 기적이 된다. 그렇게 사노라면 행복과 기쁨을 온전히 누릴 수 있다.

〈어부〉

바닷가에 매어둔 / 작은 고깃배 / 날마다 출렁거린
다 / 풍랑에 뒤집힐 때도 있다 / 화사한 날을 기다
리고 있다 / 머얼리 노를 저어 나가서 / 헤밍웨이의
바다와 노인이 되어서 / 중얼거리려고 // 살아온 기
적이 살아갈 기적이 된다고 사노라면 / 많은 기쁨
이 있다고

어떤 강의

자기 개방

빠른 길이 있지만, 부러 에둘러 갔다. 땅 위의 풍광들은 저마다의 사연을 간직한 채 지탱하고 있었다. 사위를 휘휘 저어대며 바람은 수천 개의 손가락으로 구름을 매만지고 있었다. 켜 놓았던 라디오에서 별안간 낯익은 노래가 들려왔다. 노오란 샤쓰 입은 말 없는 그 사람이…… 아버지의 십팔 번이었다.

특강 요청이 왔을 때, 담당 교도관이 친절하게 알려준 사실이 있었다. 인성 교육생 서른 명, 미성년자와 성소수자 포함. 교육 육 일째 되는 날. 그런 사실보다 중요한 것은 우리는 모두 인성을 가진 존재라는 점이다. 다만, 자신도 모르게 가려져 있을 뿐. 여섯 개의 원탁에 둥글게 모여 앉은 여자 수형자들은 자못 진지했다. 장황한 소개를 생략하고 바로 본론으로 들어갔다. 강의 주제는 '마음의 빛을 찾아서'이고, 이렇게 정한 이유를 먼저 밝혔다. 마음에 과연 빛이 있다고 여겨지는지, 어둠이 가득하다고 생각하지는 않은지 물음을 던졌다. 가슴이 새까맣게 타서 재밖에 없다는 말을 평생 들으면서 살아온 내 이야기를 꺼냈다. 같이 살고 있는, 올해 88세가 된 엄마는 평생 그 말을 해왔다. 예전에 나는 정말 그런 줄 알고 있었다. 수백 번도 더 자살을 생각했던 내 과거를 고백했다. 한번 발동이 걸리면 서너 시간은 기본으로 욕을 해대고, 온몸에 멍이 들도록 때리던 엄마를 결코 용서할 수 없었다. 내게 있어 엄마는 미움과 갈등의 아이콘이었다. 불쾌한 감정을 비롯해서 안 되는 모든 일들은 죄다 엄마 탓이었다. 내 삶은 꼬일 대로 꼬였다. 결국 엄청난 빚을 떠안은 채 거리로 나앉을 지경에 이르렀다. 그 즈음해서 새벽 예배를 다녔는데, 하루는 기도를 마치고 들어서니 엄마는 먼저 교회를 다녀와서 밥을 안치고 있었다. 순간, 엄청난 변화가 일어났다. 엄마는 그대로인데 갑자기 엄마가 사랑스럽게 여겨진 것이다. 그 감정을 어떻게 말로 표현할 수 있을까. 그냥 그렇게 있는 그대로 엄마를 사랑하게 된 것이다. 현관에 선 채로 불렀다. 뜨악하게 쳐다보는 엄마한테 고백했다.

"엄마, 사랑해요." 다가오면서 엄마가 말했다. "네가 나를 다 사랑하나?……. 나도 사랑한다."

우리는 부둥켜안고 울었다. 서른 초반 때의 일이다. 휘몰아치던 방황은 서서히 종지부를 찍기 시작했다. 그런 말들을 털어놓았다. 퀴블러 로스가 밝힌 죽음을 앞둔 사람의 심리 변화 단계를 설명하다가 스물세 살 때 돌아가신 아버지의 예를 들면서 울기까지 했다. 그 당시 나는 간호대를 다니고 있었다. 위암 말기에 이르러 소화력이 극도로 저하된 아버지. 링거를 놓기 위해 돈을 주고 사람을 불러야 했던 때, 집안 형편이 말이 아니었다. 되든 안 되든 시도라도 해볼 걸, 나는 아예 못한다고 도리질을 쳤다. 아버지한테 제대로 잘해드린 기억이 없다.

강사가 초반부터 울기만 하니, 강의가 형편없을 지경이었다. 이곳저곳에서 교육생들이 휴지를 건네주었다. 강의를 마친 뒤, 암 선고를 받았다는 수형자한테 다가가서 안아주었다. 나오려는데 몇몇 분들이 뭔가를 쥐여주었다. 알사탕, 귤, 과자. 나는 건강하게 잘 지내시라고 인사를 건넸다. 교육장을 벗어나기 위해 줄을 서며 수형자들이 눈꽃처럼 웃었다.

자기 개방

자기 개방이란 진행자가 삶의 경험을 진솔하게 노출하는 것을 의미한다. 그렇게 하는 이유는 참여자가 자신의 내면을 들여다볼 수 있도록 자극하기 위해서이다. 자기 개방은 자랑스러운 일을 말하는 것이 아니다. 대부분 부끄럽거나 아팠던 일, 힘들었던 삶을 있는 그대로 드러내면서 공감과 동감을 통해 '극복'의 힘을 함께 일궈내는 데 의의가 있다.

호모 룩스

Homo Lux

지금을 놓치지 마

Don't miss out now

지금을 놓치지 마

지금, 현재, 이 순간과 실존

한 해의 처음이다. 이때 즈음, 하는 것이 있다. 마지막 날을 생각해본다. 이번 해는 어떤 삶이었을까. 올해가 내게 알려주는 것은 무엇이었을까. 첫 달에 마지막 날이라니. 이상하다고 할지 모르겠지만, 삶의 향방을 가르는데 이보다 더 절묘할 수는 없다. 알고 보면 삶은 우로보로스 (Uroborus, 그리스 신화에 나오는 자신의 꼬리를 물고 있는 뱀이나 용을 뜻한다) 다. 자신의 꼬리를 먹으며 자라는 우로보로스가 그리는 원은 신성하다고 알려져 있다. 이 순환이야말로 매몰된 시간을 일으켜 세워 섭리로 채우게 한다.

내가 하는 방식은 이러하다. 올해의 마지막 날, 어떤 한 해가 되었는지 떠올린다. 살아보지 않은 날들을 떠올리는 것은 직관과 상상에 의해서다. 그때의 내가 지금 현재의 나에게 말을 거는 것이다. 그렇게 한해의 첫발을 내딛는 나에게 메시지를 보내는 것이다. 그것이 어떻게 살아야 할지 지표가 되게 한다. 범위를 넓히면, 생의 마지막 날을 떠올릴 수 있다. 언제가 될지 모르는 그 순간으로 가본다. 역시 직관과 상상력을 동원해야 하지만, 하나 더 있다. 영혼의 존재를 자각하는 것이다. 가치관에 따라서는 육체와 영혼이 함께 사라진다고 볼 것이다. 원래 보이지 않은 존재인 영혼이 육체가 소멸했다고 같이 없어진다는 것은 이치에 어긋난다. 영혼은 보이지 않는 세계로 가기 마련이다. 생애 마지막 날은 영혼이 그에 맞는 차원으로 가는 날이다. 본향으로 돌아가는 멋진 순간이기도 하다. 그때, 영혼만이 남아서 생애를 돌아보며 무엇이라고 하게 될까? 온갖 감각으로 채웠던 육체를 버리고 가는 순간, 영혼이 가지고 가는 것은 무엇일까? 18세기 스웨덴의 과학자 스베덴보리는 사망 전까지 37년간 영계를 다녀온 것으로 유명하다. 그의 체험에 의하면, 사랑이 생명이다. 오직 사랑만이 남는다. 게다가 현재의 삶이 사후세계를 결정짓게 된다. 그 판단 기준은 '사랑'에 있다.

　암으로 시한부 인생을 선고받은 열일곱 소녀가 있다. 이혼한 아버지와 함께 살아간다. 하고 싶은 일을 하기로 마음먹지만, 사실 진정으로 하고 싶은 것이 없다. 가득한 분노를 일탈로 표출할 뿐이다. 옆집에는 교통사고로 사망한 아버지를 떠나보내고 어머니와 함께 사는 소년이 있다. 죽음에 대한 충격으로 두문불출하고 있다. 대학에 합격했으나 보류 중이다. 소녀는 사람들은 병에 걸리면 용감할 거라고 하지만 아니라고, 늘 살인마한테 쫓기고 있는 기분이라고 한다. 그 솔직한 감정을 소년은 있는 그대로 받아 준다. 소년이 정식 데이트를 신청하면서 괜찮을 때 알려달라고 한다. 소녀는 '지금이 좋아!'라고 한다. 예쁜 옷을 갈아입으며 데이트를 준비하던 소녀는 갑자기 코피를 쏟으며 쓰러진다. 소년은 소녀가 입원해 있는 동안 보이는 건물마다 소녀의 이름을 적는다. 소녀는 삶은 계속된다는 말을 남겼고, 소년은 그 말에 힘입어 학교에 등록한다. 점차 의식과 기력을 잃어가면서 소녀는 평온 안으로 들어간다. 그 곁에 소년도 있다.

영화 〈나우이즈굿〉은 그 제목처럼 이렇게 알려준다. 지금이 좋아! 이 말을 한 해의 마지막, 삶의 마지막 순간에 이른 내가 이 순간의 나에게 들려주고 있다. 지금이 그것을 할 때야! 바로 지금이 딱 좋은 기회야. 지금을 놓치지 마!

지금, 현재, 이 순간과 실존

철학자 마르틴 하이데거는 "시간의 흐름 속에서 언젠가는 죽음에 이르게 된다는 것을 자각하고 자신의 죽음을 직시할 때 비로소 본래적인 실존을 찾을 수 있다"라고 했다. 마지막을 향한 불안을 받아들일수록 '지금, 현재, 이 순간'이 환하고 아름다울 수 있다. 그럴 때 주어진 삶의 매 순간이 축제라는 사실을 느끼게 된다. 살아간다는 것은 하늘이 내린 축제의 향연을 제대로 즐기는 것이다.

우리는 모두 길 위에 있다

_____

감성과 감수성

우리는 모두 길 위에 있다. '길'은 여러 의미로 변용된다. 저마다 삶의 방식이나 목적을 향한다는 말로, 방도나 도리를 일컫는 말로 혹은 물리적인 '길' 자체에 대한 의미로. '길'은 한마디로 삶이다. 어떤 것을 가리키든 간에 길 위에 있다면, 그만큼 걸어온 것이다.

영화 〈노매드랜드Nomadland〉는 길에 대한 영화다. 인트로에는 이런 말이 적혀 있다. '2011년 1월 31일. 석고보드의 수요 감소로 인해 미국은 88년 만에 네바다주 엠파이어에 있는 공장을 폐쇄했다. 7월 이후 엠파이어 우편번호 89405는 사용 중지되었다.' 이어 주인공 펀이 집의 창고 문을 여는 장면으로 시작한다. 하나의 문이 닫히고, 새로운 문이 열리는 셈이다. 펀은 간단한 짐들을 밴에 옮겨

신고 길을 나선다. 전반적인 내용은 잔잔하다. 들끓는 욕망이나 추격, 쟁탈전이 없다. 남루한 일상이 고스란히 드러난다. 주인공은 남편을 잃고, 집도 잃었다. 개조하여 숙소로 삼는 밴을 몰고 정처 없이 다닌다. 돈이 떨어질 만하면, 닥치는 대로 일을 한다. 노년기의 그녀에게 일은 일용직 노동밖에 없다. 영화는 제법 묵직하다. 2007년에 발생한 서브프라임 모기지 사태(Subprime Mortgage Crisis, 집을 담보로 해서 주택매매대금을 대출해주는 주택담보대출을 '모기지'라고 하며, 서브프라임 모기지는 신용이 낮은 사람들이 하는 주택담보대출을 해주는 비우량 주택담보대출을 일컫는다)로 집을 잃어버린 이들의 현대판 유목 생활이 배어있다. 1998년 루게릭 환자한테 안락사 시술을 했던 잭 케보키언(Jack Kevorkian, 미국의 병리학자, 교육자, 의사, 사상가. '인간의 죽을 권리'를 주장하며 말기 환자들을 선별하여 안락사를 도움으로써 미국 내에 사회적 반향을 일으켰다)의 《마지막 출구》라는 책도 언급하고 있다. 소세포 폐암으로 뇌까지 전이가 된 스완키는 이런 말을 한다. "난 여행을 떠날 거야. 다시 알래스카로 돌아갈 거야. 좋은 추억들이 있거든. 그리고 해야 할 일을 할 거야. 더 이상 병원에서 시간을 보내고 싶지 않아. 난 금년에 75세야. 꽤 잘 살았다고 생각해. 정말 멋진 것들도 봤어. 카약도 타봤지. 아이다호에 있던 무스 가족. 콜로라도 호수에서 카약 위를 날고 있는 크고 하얀 펠리컨들… 수백 마리의 제비 둥지가 절벽에 붙어 있었어. 온 사방에 제비가 날면서 물에 비치는데 마치 내가 제비와 함께 나는 것만 같았지. 내 밑에도 있고 내 위에도 있고 모든 곳에 있었어. 제비 새끼들이 부화하면서 알껍데기들이 둥지에서 떨어져 물 위에 둥둥 떠다녔어. 작고 하얀 껍질들. 정말 아름다웠어. 이제 충분하다고 느꼈어. 내 인생은 완벽했어." 그리고 반짝이는 눈빛으로 저녁놀이 번져가는 하늘을 바라보며 말한다. "뭔가 멋진 게 보여."

영화는 2017년 출간된 제시카 브루더(Jessica Bruder, 미국의 기자. 2015년에 제임스 애런슨 사회정의 저널리즘상을 수상하였으며 서브컬처와

경제의 어두운 면을 주로 다룬다. 컬럼비아 대학 저널리즘 스쿨에서 강의하고 있

다)의 논픽션 《노매드랜드: 21세기 미국에서 살아남기》를 토대로 제작되었다. 아버지한테 물려받은 접시가 깨진 분노도, 삶의 터전을 잃은 슬픔도, 세월에 대한 회한도, 폐차 위기에 처한 유일한 거처인 밴에 대한 안타까움도, 몇 안 되는 세간살이에 대한 집착도 서서히 내려놓는다. 노매드랜드는 비울 때 채워지는 오묘한 우주의 원리를 담담하게 속삭여준다.

감성과 감수성

로고테라피의 창시자 빅터 프랭클은 독일군에 의해서 유대인이라는 이유로 아우슈비츠 감옥에 갇힌다. 고된 노역을 마치고 모인 수용자들 중에서 한 사람이 노을을 보면서 감탄을 했다. 그러자 모두들 그 노을 쪽으로 시선을 둔 채 함께 노을을 누렸다. 그때의 일을 프랭클은 벅찬 감동으로 기록했다. 감성은 마음으로 보는 것이고 감정은 마음의 빛깔을 내는 것, 감수성은 마음의 빛과 향기를 내는 것이다. 감성과 감수성이 활발할 때 긍정 에너지가 작용하게 된다.

결정적으로 놓치는 것

카이로스

시간은 사정없다. 문득 날짜를 보면 깜짝 놀라곤 한다. 벌써 한해의 절반이 흘러가려 하고 있다. 어쩌겠는가. 태어나자마자 시간은 마지막을 향해 달려가고 있다. 이 명백한 진실 앞에서 겸허할 수 있는가, 혹은 악을 쓰며 조금이라도 속이려 드는가. 놀라운 것은 시간에 대한 태도가 삶을 결정 짓게 된다는 사실이다.

그리스 신화 속에서 시간은 두 존재로 구분된다. 제우스의 아버지 크로노스는 아들이 태어나는 족족 먹어 치운다. 한번 지나간 시간은 절대 돌아오지 않기 마련이다. 이런 3차원의 속성을 지배한 제우스는 신 중의 신이 된다. 크로노스가 일반적인 시간의 신을 가리킨다면, 제우스의 막내아들로 기회의 신인 카이로스가 있다. 그를 묘사한 동상은 이러하다. 앞머리는 숱이 무성하고 뒤통수에는 머리가 없다. 양발 뒤꿈치에는 날개가 달려 있고 한 손에는 저울을 잡고 다른 손에는 낫을 들고 있다. 뒷머리가 없는 것은 한번 지나가면 다시 잡을 수 없어서이며 날개 달린 발은 최대한 빨리 사라지기 위해서다. 저울은 옳고 그름을 판단하기 위해서고 낫을 든 이유는 결단하기 위함이다. 희망은 기회를 힘입고 큰다. 기회가 상실되었다고 느끼면 절망하기 마련이다. 나이가 들수록 기회는 없어지는 것만 같다. 건강, 부, 명예, 권력, 외모와 같은 눈에 보이는 것들이 눈에 띄게 빛을 잃는다. 그게 견딜 수 없어서 악을 쓰게 된다. 조금이라도 젊어 보이고, 아직은 돈을 번다는 사실, 지금은 건강하다는 것에 대해 자랑한다. 100세의 나이에도 정정하게 전국 순회 강의를 하는 것을 꿈꾼다. 그러면서 되뇐다. 기회는 잡아야지! 놓치면 안 돼! 그러는 동안 결정적으로 놓치는 것이 있다. 바로 근원, 영혼의 중심이다.

철학자 롤랑 바르트(Roland Barthes, 프랑스의 구조주의 철학자이자 기호학자)는 《카메라 루시다》에서 '스투디움'과 '푼크툼'을 등장시켰다. 스투디움studium은 열성적이며 호의적인 장면을 말한다. 반면, 푼크툼punctum은 라틴어로 '점'이란 뜻으로 화살처럼 꽂혀오는 강렬함이다. 누구나 주어진 시간만큼 자신만의 무대에 서게 된다. 이 크로노스(Kronos, 그리스어로 연속적이고 순환적인 시간을 뜻한다)적 시간에서 푼크툼은 어느 순간에 이뤄지는 카이로스(Kairos, 그리스어로 순간이나 주관적인 시간을 뜻한다)다. 그것은 눈에 보이는 명백한 '자히르(zahir, 아랍어로 '눈에 보이며 실제로 존재하고 느낄 수 있는 것. 일단 그것과 접하게 되면 서서히 우리의 사고를 점령해나가 결국 다른 무엇에도 집중할 수 없게 만들어버리는 어떤 사물 혹은 사람'이라는 의미)'이기도 하고, 숨겨진 '바템(batem, 그릇의 아래쪽처럼 눈에 잘 보이지 않는 바닥 면을 뜻한다)'이기도 하다. 종국에는 파울로 코엘료식으로 말하자면, '알레프'로 가기 마련이다. 알레프는 모든 각도에서 본 지구의 모든 지점들이 뒤섞이지 않고 있는 곳, 우주가 들어있는 곳이다.

삶의 기회는 인격의 성숙 속에 있다. 인간성을 잃게 하는 것을 낫으로 베어내고 내면을 저울질하면서 나가는 것이 '기회'다. 혹시 치매라도 걸려 그런 분별력조차 잃어버리면? 인지력이 현저히 떨어져서 성찰할 수도 없다면? 그것 또한 있는 그대로 받아들일 수 있는 기회다. 그럼에도 불구하고 자신을 사랑한다는 것은 얼마나 독특한 기회인가. 사랑의 실체는 살아나가는 것이다. 카이로스는 자히르 혹은 바템의 향기를 가진 푼크톰으로 찾아온다. 그때, 신의 숨결을 고스란히 느끼게 될 것이다. 그것이 기독교 신비가들이 일컫는 '눙크 플루엔스(nunc fluens, 라틴어로 흐르는 현재, 스쳐 가듯 덧없이 질주하는 현재를 일컫는다)', 스쳐 가는 현재가 아니라 '눙크 스탄스(nunc stans, 멈춰 서 있는 지금, 정지된 현재, 영원한 현재를 의미한다)', 영원한 현재로 확장되는 것이다. 그리하여 삶의 마지막 날까지, 그 모든 것이 선물처럼 주어져 있다.

카이로스Kairos

그리스 신화 속 기회의 신인 카이로스의 말은 이러하다. "앞머리가 무성한 이유는 사람들이 내가 누구인지 금방 알아차리지 못하게 하기 위해서이지만, 발견했을 때는 쉽게 붙잡을 수 있도록 하기 위해서다. 뒤가 대머리인 이유는 내가 지나가고 나면 다시는 나를 붙잡지 못하게 하기 위해서이며, 발에 날개가 달린 이유는 최대한 빨리 사라지기 위해서다. 왼손에 저울이 있는 것은 일의 옳고 그름을 정확히 판단하라는 것이며, 오른손에 칼이 주어진 것은 칼날로 자르듯이 빠른 결단을 내리라는 것이다. 나의 이름은 '기회'다." 이를 바탕으로 묘사한 예술 작품 속에서 카이로스를 찾을 수 있다.

슬기로운 장마 생활

나만의 새

장마가 한창이다. 사위가 눅눅하고 추적거린다. 산뜻하고 싱그러움이 필요할 때다. 주변에서 그런 기운을 찾기란 쉽지 않다. 진정한 힘은 내면에서 나온다. 처진 마음을 햇살에 환하게 말려보는 건 어떨까?

　방법은 의외로 간단하다. 아늑하고 평강한 곳을 상상해보자. 바닷가여도 좋고 숲속이어도 좋다. 별이 쏟아지는 초원이나 오로라가 펼쳐진 북극이어도 된다. 제대로 상상력을 동원하기 위해서는 눈을 감아보자. 마음의 눈을 뜨면, 놀라운 일이 일어난다. 순식간에 그곳으로 가게 된다. 조금 더 자세히 살펴보자. 해안가 비치 파라솔 아래 누워있는 내가 있다. 파란 하늘이 바다와 닿는 수평선이 펼쳐져 있다. 갈매기가 날아가고 햇살이 축복처럼 퍼지고 있다. 이 모든 것이 요술처럼 일어난다. 그 외 옵션은 얼마든지 자유롭게 선택하시라. 사이버 세계에 빠지는 것과 같다고 할지 모르지만, 완전히 다르다. 가상 공간에 있다가 전원을 끄면 허무가 밀려오지만, 상상의 체험을 하고 오면 오래도록 은은하게 남는다. 이런 방식이 터무니없다고 여길지도 모른다. 우울에 시달리고 있는 경우라면 말이다.

심리학자 아론 벡에 의하면 우울증이 있는 사람들은 세 가지 인지 모형을 가지고 있다. 자기 자신과 자신의 경험, 미래에 대한 부정적이고 비관적인 판단을 한다는 것이다. 이를 인지삼제認知三題라고 일컫는다. 자신은 상실, 실패, 무능으로 똘똘 뭉쳐져 있고, 눈덩이처럼 부정이 자라고 있다고 믿는다. 세상은 극복 불가능하고, 늘 과도하게 자신을 몰아세울 뿐이라고 여긴다. 이렇다면 안락하고 아름다운 장소를 상상하는 것은 사치일 것이다.

비법을 말하려고 한다. 역시 상상력을 활용해보자. 내 마음속에 살아가는 '나만의 새'를 떠올려보자. 이 새는 비판이나 비난을 하지 못한다. 오로지 위로와 격려를 하며 포근하게 품어주기만 한다. 마음의 정중앙에 존재하는 빛의 에너지를 받으며 살아간다. 그러니 결코 줄어들거나 사라지지 않는 새이다. 생명을 받았을 때부터 있었지만, 이름을 불러줘야만 비로소 알아차릴 수 있는 새이다. 이 새가 어떻게 생겼는지, 어떤 빛깔을 가졌는지 상상해보자. 그리고 이름을 붙여주고 불러보자. 새에 대한 극도의 혐오가 있다면, 날개를 가진 천사를 떠올려도 된다. 이 존재가 나에게 무엇이라고 하는지 눈을 감고 떠올려보자. 위로가 절실한 과거로 보내어 새의 메시지를 들어봐도 좋다.

삶의 장마가 그치는 경험은 외부에서 오는 것이 아니다. 호우 경보가 발생한 날에도 마음의 날씨는 화창할 수

있다. 그것이 바로 빛으로서의 인간인 호모 룩스Homo Lux,
신이 주신 놀라운 은총이다.

나만의 새

통합 예술·문화 치유인 심상 시치료 기법인 '나만의 새'는 마음의 무한한 상상력을 활용한 기법이다. 오로지 위로와 격려만 할 줄 아는 나만의 새는 내가 잉태되던 순간부터 나와 함께 해온 슬기롭고 포근한 존재다. 새의 크기, 모양, 특징을 구체적으로 떠올려보자. 독특한 모습에 맞게 이름을 지어 불러주자. 이름을 불러주었을 때 비로소 나는 그 새의 존재를 알아차릴 수 있다. 새의 이름을 세 번 부르면 언제 어디서나 만날 수 있다.

꿈과 현실 사이에서

꿈과 극복

하고 싶은 일을 하면서 살 수 있을까? 대부분 고개를 갸웃거릴 것이다. '하고 싶은 일만 하면서'라는 직접적이고 거센 표현을 한 것도 아니다. '만'이 아니라 '을'을 붙였는데도 아리송하다. '꿈'과 '현실'을 혼동하지 않는 삶이 영리하다고 알고 있다. 그 영특함 때문에 우리는 불행하다.

우리나라 아동의 삶의 만족도는 경제협력개발기구 OECD 국가 중 최하위다. 아동의 우울감과 스트레스 등 정서장애 위험은 급속히 증가한 실정이다. 청소년의 40퍼센트가 심한 스트레스를 느끼고, 27퍼센트가 우울감을 경험하고 있다. 9~17세 아동의 3.6퍼센트는 심각하게 자살을 고려하고 있다. 전체 아동의 세 명 중 한 명은 스마트폰에 지나치게 의존하는 위험군에 속했다. 특히 스마트폰에 과하게 몰입하는 나이가 점차 낮아지고 있다. 꿈이 무엇인지, 하고 싶은 일이 무엇인지도 사실 잘 모른다. 더 이상 생각하지 않으려고 한다. 어떤 일에 대한 생각과 마음은 별로 중요하지 않은 세상이다.

주어진 역할, 과제, 목표 달성에만 급급하다. 만점이 되는 성과를 이뤘다면, 과정을 물어보지도 않는다. 그러다 보니 늘 경쟁과 속도의 구조 속에 휘말려서 살아간다. 하고 싶은 일 따위를 생각해서 뭣하겠는가. 녹록하지 않은 현실에 맞추려면, 꿈 따위는 팽개쳐야 한다. 어떤가. 이 말에 비분강개의 마음이 든다면, 박수를 쳐주고 싶다. 아마도 대부분은 고개를 끄덕일 것이다. 나도 그렇게 살아왔으니, 내 자식도 그렇게 살 수밖에 없는 것인가.

초등학생들한테 '꿈'을 얘기해보면 어깨를 당당하게 펴고 말했다. 생애 전혀 이뤄질 확률이 드문 꿈이라도 좋았다. 과거형으로 쓰는 이유는 지금은 그렇지 않다는 말이다. 자꾸 캐물으면, 프로게이머라고 대답한다. 그 정도에서 생각을 멈추고 만다. 꿈을 지우고 사라지게 하는 것이 유행인 사회다. 꿈이 없는 삶이니 삶의 만족도가 높을 리 없다.

꿈은 위험한 것인가? '꿈'은 고단한 삶의 행보를 '그래도' 꾸준히 걷게 하는 원동력이다. 철학자 니체Nietzsche는 "왜 살아야 하는지 아는 사람은, 그 어떤 어려움도 이겨낼 수 있다"라고 했다. 앞부분을 '꿈을 가지고 살고 있는 사람은'이라고 바꿔서 읽으면 그 뜻이 더욱 분명해진다.

꿈은 역경을 딛고 일어나게 한다. 소설가 파울로 코엘료Paulo Coelho는 소설 《아크라 문서》에서 이렇게 말했다.
"자신이 늘 바라온 삶을 사는 것, 그것만으로 충분하다. 타인에 대한 비판을 그만두고 자신의 꿈을 이루는

데 집중하라. 신은 그런 삶을 사는 이에게 매일 더 많은
축복을 내릴 것이다."

꿈과 극복

철학자 니체는 "살아갈 이유가 있는 사람은 어떤 현실의 어려움도 견뎌낼 수 있다"라고 말했다. 정신의학자 빅터 프랭클에 따르면. 이 이유는 '의미'로 치환될 수 있다. 의미는 극복의 에너지를 준다는 뜻에서 '꿈'으로 바꿔 말할 수 있다. 즉, "꿈이 있는 사람은 어떤 어려움도 견뎌낼 수 있다." 그 꿈의 뿌리가 내면의 핵심인 '자기Self'를 향해 있을 때, 진리가 우리를 자유롭게 하듯이 꿈이 우리에게 자유를 줄 것이다.

삶에는 정답이 없다

〈취하라〉

삶에 정답이 없다. 함부로 살아도 된다는 말이 아니다. 나는 옳고 너는 그르다는 식의 잣대를 내려 놓으라는 말이다. 생각하고 판단하는 것이 삶의 형태를 좌우한다. 모든 삶의 자국은 선명하게 기록된다. 그것이 우리를 이끌어왔고, 이끌어 갈 것이다. 결국 우리가 미처 알지 못하는 차원까지 끌고 갈 것이다.

'취하라. 항상 취해 있어야 한다. 그게 전부고 유일한 문제다. 술이든, 시든, 덕이든 그 무엇이든 마음대로 어찌하든 취하라. 만물이 답할 것이다. 이제 취할 시간이라고.' 19세기 시인 샤를 보들레르Charles Baudelaire가 이처럼 취하라고 외치는 이유는 간단하다. '시간에 학대받는 노예'가 되지 않기 위해서다. 그 역시 무지막지 취한 삶을 살다가 46세의 일기로 숨졌다. 굳이 보들레르의 시를 읽지 않아도 현대인들은 이 시처럼 살고 있다. 최근 오 년간 알코올중독자 중 30대 미만 환자들이 급격히 증가하고 있다. 마약 중독자들의 90퍼센트가 이, 삼십 대의 젊은 층들이다. 급속히 증가하는 환자들로 인해 입원 병동이 없을 정도다.

우리나라 스마트폰 이용자 다섯 명 중 한 명 정도는 중독 위험군에 속한다. 도박, 인터넷, 주식, 비트코인, 경매, 복권 중독도 늘어나고 있다. 더욱 다채로운 매체로 보들레르의 말이 실행되고 있다. 아이러니하게도 시간의 노예가 되지 않기 위해 취하지만, 중독의 노예가 되고 만다. 노예로서의 삶은 비참하기 그지없다. 그 중독 매체가 삶의 전부다. 아무리 사랑하는 이가 있어도 소용없다. 중독된 매체 사용을 못 하게 하면 원수가 된다. 갖은 합리화로 금하라는 말조차 꺼내지 못하게 한다. 오로지 에너지가 그쪽으로 쏠려있어서 자신을 돌아볼 수가 없다.

날카롭고 불안정하고 감정 기복이 심하다. 한창 그렇게 취해 있지만, 스스로 자신을 알아차릴 수도 없다. 늪에 빠져서도 늪인지 모른다. 그러다가 결정적인 손실, 외부의 압력, 극심한 문제가 일어날 때 겨우 늪임을 알아차린다. 그 인식이 곧 치유의 성공인 것도 아니다. 때로는 땅에 올라선 듯하지만, 어느 사이엔가 다시 한 발을 담그고 있다. 늪의 경험이 있는 이들은 매일매일이 기적이고 회복의 과정이다.

보들레르의 시 〈취하라〉를 면밀하게 들여다보면 답이 나온다. 인간은 시간의 노예가 아니다. 시간에 쫓기듯 사는 듯하지만, 사실 시간의 흐름을 타는 존재다. 그것은 '즐길 수 있다'는 점에 있다. 달빛과 별빛을 즐길 수 있고, 흐린 날의 비, 잔뜩 구겨져 보이는 하늘, 뙤약볕에 영글어 가는 열매를 보고 미소 지을 수 있다. 술이 아니라 시에, 덕에 취하라는 말이 아니다. 무엇에 취하든 자유겠지만,

이 말만은 분명하다. 노예의 처지가 싫어 망각을 위해 취한다면, 여전히 노예다. 주어진 삶을 즐길 수 있다면, 이미 노예가 아니다. 진정한 즐김은 어떤 조건과 상황이라는 단서라는 외부가 아니라 내면의 중심에서 흘러나온다. 그게 아니라면, 이미 당신은 중독이다.

샤를 보들레르Charles Baudelaire의 산문시

〈취하라Enivrez-Vous〉

늘 취해 있어야 한다. 모든 것이 거기에 있다 : 이것
이야말로 본질적인 문제이다. 어깨를 짓누르고, 허
리를 휘게 하는 시간 신의 끔찍한 짐을 느끼지 않
으려면, 늘 취해 있어야 한다. / 무엇으로 취할 것
인가? 술이든 시든, 미덕이든, 그대가 마음 내키는
대로, 다만 계속 취하라. / 그러다가, 궁전의 계단
에서나, 개울가의 푸른 풀밭에서나, 그대 방안의
적막한 고독 속에서 그대가 깨어나, 이미 취기가
덜하거나 가셨거든, 물어보라 바람에게, 파도에게,

별에게, 새에게, 시계에게, 지나가는 모든 것에게,
울부짖는 모든 것에게, 굴러가는 모든 것에게, 노
래하는 모든 것에게, 말하는 모든 것에게, 지금 몇
시냐고 물어보라 ; 그러면, 바람이, 파도가, 별이,
새가, 시계가, 대답해주겠지 : 〈지금은 취할 시간
이다. 시간 신에게 구속받는 노예가 되고 싶지 않
거든 취하라. 늘 취해 있으라. 술이든 시든, 미덕이
든, 그대가 마음 내키는 대로 〉

행복하다는 증거

에우다이모니아

당신은 지금 행복하신가? 이 물음에 슬며시 미소를 짓는다면, 축하드린다. 분명 행복하다는 증거다. 이 물음에 갑자기 울컥 치받는 것을 느낀다면, 우울하다는 증거다. 행복이 무엇인지 고개를 갸웃거린다면, 우울이 만성화되었다는 증거다. 우울의 철학적 정의는 간단하다. 삶의 의미를 상실한 것을 가리킨다.

17세기 영국의 수필가였던 조지프 애디슨Joseph Addison은 이런 말을 남겼다. '이 세상에서 가장 행복한 사람은 일하는 사람, 사랑하는 사람, 희망이 있는 사람이다.' 즉, 세 범주를 하나로 엮은 사람을 말한다. 자신에게 물어보자. 지금 일하고 있는가? 사랑하고 있는가? 희망이 있는가? 세 가지 모두 맞는다면, 행복한 것이다. 그것도 가장!

여기에서 '일'은 재화를 벌어들이는 것만을 말하는 것이 아니다. 긍정 에너지를 가지고 행하는 모든 것이 '일'에 속한다. 소득을 얻되 범죄를 저지르는 것을 '일'이라고 하지 않는다. 특별한 소득은 없지만, 선량한 일로 이타심을 내고 있다면 '일'이라고 할 수 있다. 그러니 진정한 일 속에는 '사랑'이 존재할 수밖에 없다. 그 사랑은 삶의 성장과 성숙이라는 '희망'을 불러온다. 일, 사랑, 희망은 유기적으로 연결되어 행복으로 이어진다.

행복은 의외로 가까이에 있다. 온통 찾아 헤매던 '파랑새'는 마음속에 이미 존재하고 있다. 《파랑새》의 저자 모리스 메테를링크Maurice Maeterlinck는 '자기 자신의 행복을 가장 잘 아는 사람이 가장 행복한 사람이다'라고도 했다. 놀라운 사실을 실험해보자. 지금, 당장 소리 내어 이렇게 말해보자. "나는 지독하게도 불행하다. 되는 일이 하나도 없다!" 세 번만 반복해서 말해보자. 욕지기가 나올 만큼 더러운 기분이 들 것이다. 이번에는 이렇게 말해보

자. "나는 지금, 행복하다. 모든 일들이 순리대로 제대로 흘러가고 있다." 역시 세 번만 반복해서 말해보자. 힘을 뺀 채, 강물이 광활한 바다로 흘러 들어가는 장면을 떠올리면서 말해보자. 신기하게도 기분이 좋아지면서 온몸이 이완되는 경험을 할 것이다. 인간은 굉장한 창조력을 가지고 있다. 행복하다고 느끼면, 정말 행복하다. 그 반대도 마찬가지다.

황량한 연말. 흉악하고 두려운 소식들이 잔뜩 들려온다. 그런 가운데 진흙탕 속에 핀 꽃처럼 향기로운 소식이 있다. 2021년 12월의 일이다. 대구 달서구의 빌라 4층에 거주하는 한 시민은 택배기사님들을 위해 복도에 음료 바구니를 두었다. 어느 날, CCTV를 돌려보다가 깜짝 놀랐다. 택배기사님이 음료를 꺼내 들고 현관문을 향해서 인사를 하고 가더라는 것이다. 작은 것에도 마음을 표현하는 그 모습에 더욱 감사했다고 한다. 행복은 그렇게 어렵지 않다. 잠깐 멈춰서 지금, 현재, 이 순간에 대한 감사부터 시작하면 된다. 감사는 스트레스나 상처로 얼어붙은 마음을 녹여주는 아름다운 햇살이다.

에우다이모니아

누구나 행복하고 싶어한다. 고대 그리스의 플라톤이나 아리스토텔레스에게도 행복(에우다이모니아)은 삶의 궁극의 목적이었다. 에우다이모니아 eudaemonia는 그리스어로 '행복'이란 뜻인데, 어원적으론 'eu good'와 'daimon spirit'의 합성어다. 즉, '좋은 영혼'이란 뜻이다. 에우다이모니아는 신의 뜻과 조화를 이루는 데서 오는 것으로, 신의 섭리대로 따르면서 자기실현을 위해 최선을 다하는 삶 가운데 일어나는 것이다.

호모 룩스

Homo Lux

자신을 사랑하는 법

How to love yourself

루돌프의 지혜

자존감과 사랑

새해가 되었다. 새로운 뜻을 세울 때다. 지금, 현재의 삶이 바닥이라면? 절대적으로 삶의 의미를 잃었을 때, 극단적인 선택을 하기 쉽다. 최근의 보도에 희망을 걸 수도 있을까? 최근 코로나19 블루에도 불구하고 자살은 감소했다. 행정안전부의 2021년 발표에 의하면, 35세 이상 전 연령층 자살률이 평균 9.4퍼센트나 줄어들었다.

이에 비해 이십 대와 십 대 자살률은 전년도보다 증가했다. 이십 대는 12.8퍼센트, 십 대는 9.4퍼센트다. 1년 만에 미래세대들의 자살률이 10퍼센트나 늘어난 것을 어떻게 해석해야 할까. 교육과 양육의 실패라고 단언할 수밖에 없다. 자살을 꿈꾸는 아이들은 '그냥'이라고 말한다. 한마디로 말할 수 없는 다양한 감정의 지배를 받고 있기 때문이다. 자살전문가들은 한결같이 입을 모은다. 코로나가 잠잠해진 뒤 경제와 사회적 여건이 개선되지 않는다면, 극단적 선택이 늘어날 것이라고. 지금을 폭풍 전야와 같다고 보는 것이다. 이제 자살은 '예방' 차원이 아니라 적극적 '대책'을 위한 프로그램 마련이 시급하다.

지난 성탄절에 한 번쯤 들어봤을 사슴 이야기를 떠올려보자. 그 사슴은 불붙는 코를 갖고 있어서 다른 사슴들이 놀릴 정도였다. 사슴은 결국 외톨이가 되었다. 누구도 말을 걸어주거나 이해해주지 않았다. 그러다가 놀랄만한 일이 일어난다. 성탄절에 산타가 와서 말해주었다. 네 코가 밝으니 썰매를 끌어달라고. 그 후로 사슴의 평가는 급격하게 변한다. 따돌리던 다른 사슴들이 그를 매우 사랑하게 된 것이다. 이제 루돌프는 산타와 함께 영원히 기억되고 있다. 이 노래는 왕따 극복담이다. 외톨이가 된 사슴이 자신의 처지를 비판했다는 말이 없다. 자신의 코를

성형하지도 않았다. 이 사슴은 신데렐라가 아니다. 로또에 당첨된 것도 아니다. 산타가 나타나서 돈을 준 것도 아니다. 다만, 목적에 따라 임무를 부여했을 뿐이다. 게다가 중요한 것은 따로 있다. 루돌프는 가엾어 보였지만, 그것은 겉모습일 뿐이다. 일단, 루돌프는 죽지 않았다. 주어진 삶을 살아내고 있었다. 자신의 코를 쥐어뜯지도 않았다. 세상을 원망하거나 저주하지도 않았다. 아무도 알아주지 않았지만, 이미 주위를 밝히고 있었다. 그러다가 마침내 산타를 만난 것이다. 외모, 학벌, 돈으로부터 왕따 당한 경험이 있는가? 그것으로 인해 외톨이가 된 적이 있는가? 루돌프의 지혜는 단순하다. 일단, 살아내는 것. 고유한 탁월성을 지닌 채 기다리는 것. 세상을 거꾸로 왕따시키지 않는 것. 그 무엇보다 자기 자신을 온전히 사랑하는 것.

산타는 안갯속에서 등장한다. 아직, 앞이 보이지 않는 안개로 답답한 나날들이다. 무턱대고 희망을 갖는 것이 바보 같겠지만, 아니다. 내공을 가다듬으면서 기다리다 보면, 하늘의 뜻과 만나게 된다. 이것이 '자살'을 '살자'로 전환하는 지혜다.

자존감과 사랑

자신감이 자신을 스스로 믿는 마음과 느낌이라면, 자존심은 자신을 높이는 마음을 의미하며, 자존감은 자신을 가치 있고 긍정적으로 받아들이는 것이다. 자존심이 자신을 높일 수 있는 타인의 태도를 중시한다면, 자존감은 자신의 내면에서 긍정 에너지를 발견하는 것이다. 자존감이 잘 형성되면 저절로 자신감이 충만하게 되며, 타인과 세상도 귀하게 여기게 된다. 자존감은 곧 자신을 사랑하는 것이다. 그 사랑은 자연스럽게 주위를 환하게 한다.

마음의 과부하

마음 운동

운동이 필요한 시대다. 국제당뇨병연맹에 따르면, 코로나19 이후 당뇨병 환자 수가 16퍼센트 증가했다. 이렇게 폭증한 이유는 무엇일까. 보고에 의하면, 앉아 있는 시간이 늘어났고 꾸준한 신체활동을 중단했기 때문이다. 전문가들은 수시로 자리에서 일어나기, 식후 산책하기 등을 통해 생활 속에서 활동량 늘이기를 권유하고 있다.

어디 신체활동뿐인가. 현대인들은 마음의 과부하에 걸려 있다. 이를 단편적으로 드러내는 것이 바로 자살률이다. 우리나라 자살률은 경제협력개발기구OECD 회원국 중 1위이며, 평균의 두 배 이상 높은 수치다. 특히 십 대에서 삼십 대 사망 원인 1위를 차지한다. 2021년에 금융연구원이 이례적으로 자살 문제를 분석했다. 송민기 연구위원은 자살로 인해 대규모 인구의 영구적 인적자본 손실이 발생하면, 경제 복원력이 손상된다고 보았다. 그는 코로나19 사태에서 국민을 지켜낸 국가만이 경제 복원력을 잃지 않고 지속 가능한 사회로 나아갈 수 있다고 했다. 지금 이대로의 방식으로는 곤란하다. 정부는 적극적인 자살 대책 방안을 마련해야 한다. 자살사고와 의식을 전환하는 획기적인 프로그램 또한 시급하다. 철학자 니체의 말에 의하면, 왜 살아야 하는지 아는 사람은 그 어떤 어려움도 이겨낼 수 있다. 삶의 의미를 제대로 가질 수 있다면 자살하지 않는다. 의미를 일깨우기 위한 마음 운동을 일상 속에서 어떻게 실천할 수 있을까? 다음 세 가지 방법을 제시하고자 한다.

첫째, 매 순간 죽고, 매 순간 태어나고 있다는 사실을 알아차리자. 일분일초가 그러하다. 애쓰지 않아도 육체가 사라지는 순간이 온다. 자연스럽게 죽을 수 있다면, 자연스럽게 살 수도 있다. 삶은 억지를 내지 않을수록 아름답다. 어쩔 수 없는 것을 받아들이되, 할 수 있는 것에는 마음을 다하는 것이다. 이 힘은 나한테서 시작해서 우주와 공명을 이루게 된다.

둘째, 하루에 한 번씩 감사 거리를 찾는 것이다. 도저히 감사가 나오지 않는다면, 살아있다는 것 자체에 감사하자. 숨 쉬고 있는 동안 영혼 성장의 가능성이 주어지기 때문이다. 재화가 아니라 영혼의 성장이 진정한 삶의 목적이다. 더구나 부정적인 상황에서도 감사하면, 경이로운 극복의 순간이 반드시 다가온다.

셋째, 아침에 눈을 뜰 때, 밤에 자기 전에 무조건 감사하자. 그저 감사하다고 외치면서 잠들고 일어나라. 충만한 사랑의 에너지를 생생하게 느낄 것이다.

모든 운동은 습관 들이기가 힘들다. 한번 자리 잡으면, 삶의 구심력이 되어 에너지가 원활하게 흐르게 된다. 몸이든 마음이든 그렇다. 마음은 보이지가 않으니 대개는 행할 궁리조차 하지 않는다. 지금은 그 무엇보다 마음 운동이 절실하다. 사실, 마음에 모든 문제의 해결이 존재한다.

마음 운동

신체 운동처럼 '마음 운동'은 꾸준히, 규칙적으로 해야만 효과적이다. 마음 운동을 충동적으로 하거나 하지 않는다면 그 효과를 기대하기 어렵다. 평소에 제대로 마음 운동을 했다면, 부정적인 상황에서 마음 건강을 회복하는 '회복 탄력성'이 뛰어나게 된다. 그럴 때, 합리적이고 건강하게 문제를 헤쳐 나가는 획기적인 효과를 누리게 될 것이다.

인생의 자본 논리

자기실현

당신은 '적자 인생'인가? '흑자 인생'인가? 최근 조사에 의하면 우리 국민들은 노동소득이 소비보다 많은 '흑자 인생'에 돌입해서 45세에 정점을 찍고, 59세부터는 소비가 노동소득보다 많은 '적자 인생'으로 간다고 한다. 자본의 논리는 빈틈이 없다. 대번에 답이 나올 것이다. 나이로 봐서는 아직 흑자여야 하는데 걸맞지 않게 적자 인생일 수도 있겠다. 지금처럼 경제가 악화일로에 처한 상황에서는 누구라도 '적자'라는 말을 피할 도리가 없다.

과연 그러한가? 돈으로 삶의 가치가 매겨지는 게 맞는가? 억만장자이며 할리우드 영화 제작자인 스티브 빙(Steve Bing, 2020년 6월 22일 극단적 선택으로 사망)의 극단적 선택을 기억해보자. 인기 여배우와 결혼을 해서 아이도 있다. 사회적 명성 또한 대단했다. 그가 남긴 재산은 우리 돈으로 약 6,600억 원이라고 추정된다. 정신분석학자 에릭슨의 심리 사회적 발달단계에 따르면 그는 중년기의 바람직한 과업 인 '생산성'을 충만하게 이행한 사람이었다. 발달 과업을 달성했음에도 불구하고 무엇이 그를 자살로 이끌었는가? 당연한 말이지만, 육체의 삶을 살고 있을 동안에만 돈이 필요하다.

분석심리학자 융Jung, Carl Gustav은 인간의 나이가 35세 때부터 서서히 '자기' 안으로 들어가야 한다고 했다. '자 기'는 심혼이며 영혼의 핵심이다. 그곳에는 우주의 에너 지가 함께 깃들어서 살아 움직이는 실체로 존재한다. 또 한, 가장 개성적인 진정한 자신을 만날 수 있다. 자기 안 으로 들어가는 과정을 융은 '자기실현(Self-realization, 개성화 (Individuation) 과정이라고도 한다. 인격 전체가 새로운 중심을 찾아서 새롭게 균형잡힌 인격의 무게 중심인 자기에 도달하는 것을 목표로 한 과정)'이라고 했다. 그 이전의 나이 동안 누구나 물질, 명예, 권력을 위해 고군분투하며 자아실현을 위해 꿈을 꾸며 나아간다. 사십 세 이후에도 그것만을 쫓다 보면, 심리적 과부하에 걸리거나 내면이 텅 비게 되어 우울하게 된다. 내적 공허를 감추기 위해 화려하게 치장하거나 조금이라도 젊어 보이려고 발버둥을 치기 일쑤다. 욕심이 덕지덕지 붙은 꼴로 사는 것은 자신뿐만 아니라 가까운 이한테도 괴로움을 끼친다. 정신의학자 데이비드 호킨스에 따르면 부정적 에너지장은 행복의 원천을 외부에 두는 태도에서 비롯된다.

어떻게 살아야 할까? 돈은 '적자'와 '흑자'를 판가름할 수 없다. 대개 젊음을 유지하는 건강 비결에는 귀를 쫑긋 세우면서 '자기실현'에는 관심도 없다. 이것이 바로 삶의 함정이다. 젊음은 아무리 가꿔도 사라진다. 마음만은 그래도 젊게! 이것도 소용없다. 중요한 것은 '성장과 성숙'이다. '자기실현'은 언뜻 보면 추상적이어서 좌뇌 중심으로 살았던 이들은 고개부터 흔든다. 이제 만 6세 전, 우뇌가 활성화되던 시기로 돌아가야 한다. 40세 이후부터는 세상에 있되 세상에 속하지 않을 아름다운 눈이 떠지는 시기다. 이것을 어떻게 이해하고 활용하는가에 따라서 삶의 질이 달라질 것이다.

자기실현 Self-realization

돈, 명예, 권력 등등을 추구하는 욕망을 '자아실현'
이라고 하며, 젊은 시절에는 그것을 꿈의 추진력으
로 삼기도 한다. 분석심리학자 융에 의하면, 40세
이후에는 '자기실현'을 해야만 의미 있는 인생을 살
수 있다. 자기실현은 보이지 않는 내면을 향해 자
기 마음 안으로 들어가는 것을 뜻한다. 저마다 인
생의 목표가 다르고 태어난 독특한 이유가 있으므
로 이를 '자기 개성화 과정'이라고도 한다. 자기실
현을 위한 삶이야말로 아름답고 빛날 수 있다.

가야 할 때를 아는 사람

성찰과 통찰

〈라스트 미션The Mule〉(클린트 이스트우드가 주연과 감독을 동시에 맡아 2019년에 개봉한 미국 영화)은 87세의 마약 배달원 레오 샤프의 실화를 다룬 영화다. 레오 샤프는 2011년 멕시코에서 미국으로 300만 달러 상당의 코카인을 운반하던 중 체포되어 3년 형을 선고받았다. 뉴욕타임스는 미국 최고령 마약 밀수범으로 화제를 모은 이 스토리를 〈시날로아 조직의 90세 운반책The Sinaloa Cartel's 90 Year Old Drug Mule〉이라는 기사로 보도한 바 있다. 영화는 이 기사를 바탕으로 했으며, 거장 클린트 이스트우드가 연출과 출연을 맡았다.

구십 대의 클린트 이스트우드의 나이로 볼 때, 제목대로 이 영화가 바로 그의 '라스트 미션'이 아닌가 하고 생각할 수도 있다. 마지막 마약을 배달한다는 뜻으로도 읽을 수 있다. 또는 실패한 지난날을 돌이켜보고자 하는 한 남자의 가족 돌보기가 바로 마지막 임무라고 여겨지기도 한다. 영화 속 주인공 모델인 레오 샤프, 즉 클린트 이스트우드가 역을 맡은 얼 스톤은 오랫동안 원예가로 지내면서 숱한 상을 받는다. 그는 한국전에도 참가한 참전용사이기도 하다. 하지만 딸의 결혼식에도 가지 않을 정도로 일과 주변 사람들의 인기 속에서 바쁘게 살아간다. 세월이 흘러 그의 원예농장은 압류당하고 만다. 그러다가 우연한 기회에 물품을 운반하면 돈을 주겠다는 제의를 받는다. 처음에는 운반하는 물건이 무엇인지도 모르고 시작했지만, 제법 짭짤한 수익을 올리게 된다. 손녀딸의 결혼 행사에 돈을 쓰기도 하고, 농장도 되찾는다. 나중에는 마약이라는 것을 알고 나서도 손을 뗄 수 없었다. 무려 200파운드의 마약을 운반하던 날, 전처가 위급하다는 연락을 받는다. 아내의 마지막 모습을 지켜주던 그는 수십 년 동안 소원했던 딸과 화해한다. 장례식을 마치고 임무를 수행하던 도중 얼 스톤은 마약단속국DEA 요원한테 체포되고 만다.

마음을 은은한 종소리로 울리는 장면이 있다. 바로 얼이 법정에서 재판을 받을 때이다. 변호사의 변론 도중 "나는 유죄요"라고 고백한다. 그럴싸하게 변호해달라고 돈을 써서 요청할 수도 있었을 것이다. 얼은 뒤돌아서서 가야 할 때를 아는 사람이었다. 우리가 청명한 울림을 경험하는 것은 바로 이 때문이다. 실수하고 오류투성이인 인간이 역시 인간임을 확실하게 보여주는 것, 바로 자기 성찰이다. 성찰은 '자신이 한 일을 깊이 되돌아보는 내면적 활동'을 말한다. 성찰은 인간만의 고유 특성이다. 욕심을 내려놓는 것은 말처럼 잘되지 않는다. 한 번 더 할 수 있는데 그러지 못한 상황 탓을 하며 화를 낼 수도 있다. 그 모든 것을 내려놓고 시인하기란 사실 쉬운 일이 아니다. 영화의 마지막 장면에서 우리는 미소까지 머금게 된다. 교

도소 안에 핀 화사한 백합의 향기를 맡을 수 있기 때문이다. 마하족 추장인 '큰참나무'는 이런 말을 했다. "이미 지나가 버려 막을 수 없는 일에 대해서는 울화를 품으면 안 된다." 얼이 멋진 이유는 바로 욕심, 화, 아집을 내려놓았기 때문이다. 역시, 꽃보다 아름다운 것은 사람이다.

성찰과 통찰

성찰은 자신의 마음을 반성하고 살피는 것이다. 통찰은 예리한 관찰력으로 꿰뚫어 보는 것을 말한다. 성찰이 나무를 보는 것이라면, 통찰은 숲을 보는 것이다. 성장하고 발달할 수 있도록 자신을 이끄는 힘이 바로 성찰과 통찰에서 나온다. 즉, 삶의 한 부분을 면밀하게 들여다보면서 동시에 삶의 전체를 통틀어 바라볼 때 슬기로운 지혜가 일어난다.

네가 미워! 하지만 떠나지 마!

경계성 인격장애

네가 미워! 하지만 떠나지 마! 경계성 인격장애를 한마디로 설명하는 말이다. 미운데도 붙잡는 이 말은 두고두고 곱씹고 미워하겠다는 뜻이다. 그 미움의 힘으로 살겠다는 말이다. 불행히도 경계성 인격장애는 현대인의 특징이다. 21세기를 살아가는 현대인은 정도의 차이는 있을지언정 이 테두리를 벗어나지 못하고 있다. 깊은 사유와 성찰을 잘 하지 않기 때문이다.

생각해보자. 어떤 한 사람이 자신의 가치관, 감정에 의해 영웅이기도 하고 때로는 사악하기도 하다면? 이 세상은 적과 아군으로 되어 있으며 타인을 내 편으로 만드는 것이 살아가는 전략이라고 여긴다면? 자기 자신에 대한 평가가 형편없음과 완벽함을 수시로 오고 간다면? 누군가를 이상화하거나 경멸스럽게 여기는 것 사이를 왔다갔다 한다면? 어떤 상황을 타인과 아주 다르게 기억하거나 전혀 기억하지 못한다면? 자신의 행동에 대한 책임이 타인에게 있다고 믿거나 지나친 죄책감을 가지고 있다면? 실수를 잘 인정하지 않거나 반대로 자신이 하는 모든 일을 실수라고 여긴다면? 사실보다 감정에 근거하여 자신이 믿는 대로만 결정하려고 한다면? 자신의 행동이 주위에 미치는 영향을 잘 깨닫지 못한다면? 타인이 곁에 없다고 느낄 때 그 상대방의 사랑을 부인하기 일쑤라면? 내가 정한 잣대대로 타인이 행동하지 않을 때 분노가 치밀어 오른다면? 자신의 의사와 상반된 상대에 대해 비난의 화살을 쏘아대며 공격하게 된다면? 미움이 증폭되어 절대로 보지 않겠다고 선언하지만, 막상 헤어지는 것이 두려워 견딜 수가 없다면? 공감과 소통력이 떨어진다며 비난하기만 하며 모든 문제를 상대방 탓으로 돌린다면? 자신은 영원한 피해자이며, 동정과 위로를 받아야 한다고만 믿고 있다면?

내 감정과 언행은 분명한 이유가 있으며, 모든 것은 상대방으로 인해서라고 한다면?

　열거한 구절 중에 하나라도 해당한다면, 자신에 대해 깊이 생각해보자. '성찰'과 '통찰'을 거부하는 것이 인격장애다. 자신의 삶을 도무지 돌아보지 않으려 한다. 자신이 허무하고 공허해서 견딜 수 없기 때문이다. 갈등이 일어나면 중독을 야기하는 음주, 약물 등의 충동적인 방법으로 도피하려고 한다. 억지로 참더라도 자신을 괴롭히는 상황들이 하루빨리 종료되기만을 바라지 성찰하지 않는다. 골치 아픈 것들을 멀리하고 멍 때리거나 말초적인 쾌락에만 치중한다. 인간이 가진 고유한 특징인 성찰을 덮어버리니, 결국 인간답지 않은 삶이 이어진다.

　경계성 인격장애를 가진 이가 자신이 그러했다는 것을 알아차리는 것을 점등효과(lightbulb effect, 등에 불을 켜듯이 경계성 인격장애를 가진 이가 자신이 그러했다는 사실을 알아차리는 것)라고 한다. 자신 안에 답이 있다는 것을 깨닫는 순간이다. 이때 비로소 치유가 시작된다. 이 글을 읽고도 나와는 전혀 상관없다고 고개를 돌려버린다면, 그야말로 심각한 수준이다. 인간은 사회적 존재다. 혼자 살 수 없으니 어울려 살기 마련이다. 무인도에 표류하면서 살았던 영화 〈캐스트 어웨이〉의 배우 톰 행크스조차 배구공에 '윌슨'이라고 이름을 붙여 놓고 얘기를 건다. 아무 말도 하지 않는 윌슨이지만, 상상력을 동원해서 사회를 형성한 것이다. 배구공이 떠내려가자 톰 행크스는 윌슨을 외치며 오열을 터뜨리기도 한다.

사회는 그 사회 나름의 전통, 도덕, 규율이 있다. 또한, 인간이라면 가지는 고유한 성질인 '인성'이 존재한다. 기본적인 양심에 바탕을 두고 생활하는 것이 보편적 삶의 태도다. 반사회성은 이에 대한 적의, 공격을 드러내는 것이다. 사회의 질서에 반항하며, 사회에 대항하여 폭력이나 비행을 저지른다. 반사회성은 생각부터 씨앗이 되어 자란다. 미국 최초의 여성 연쇄 살인범인 에일린 우르노스(Aileen Wuornos, 플로리다에서 12년 동안 사형수로 복역하다가 2002년 10월 9일 사형으로 생을 마감했다)는 이렇게 말했다.

"내게 세상은 지옥일 뿐이었다. 악마는 내 주변의 환경에서 비롯되었다."

우리는 흔히 반사회성은 유전적이지 않을까 하는 의문을 가진다. 데이비드 리켄(David Lykken, 미국의 행동유전학자)박사에 의하면 유전적 요인은 극소수에 불과하다. 거의 모든 비행 청소년들은 부모, 형제자매, 성인들의 영향으로 반사회적 인격장애(antisocial personality disorder, 타인의 권리를 대수롭지 않게 여기고 침해하며, 반복적인 범법행위나 거짓말, 사기성, 공격성, 무책임함을 보이는 인격장애의 하나)가 된다. 이런 성향의 청소년들은 자제와 절제를 모를 뿐 아니라 상식적으로 이해할 수 없을 만큼 공포심도 없다. 직접적 원인은 부모의 형편없는 가정교육이나 학대, 무관심이다. 아이들은 사랑받지 못한다면 오히려 겁나게 하는 존재가 되는 편이 낫겠다고 여긴다. 이런 감정은 자신이 하는 언행에 화를 내거나 비난하는 사람이 있을 때 더욱 증가한다. 특정한 스트레스 상황에서 벗어나 존중과 배려를 해주면 이런 심리적 상처는 치유될 수 있다. 심각한 반사회성에 빠지게 되면, 자신을 돌이키거나 순화하는 것을 '쪽 팔린다'고 여기기도 한다. 반사회성을 보일 때, 두려운 나머지 피하거나 비난하기만 하면 방법이 없다.

영국의 정치가 에드먼드 버크(Edmund Burke, 영국의 정치인이자 정치철학자, 연설가이다. 최초의 근대적 보수주의자로 '보수주의의 아버지'로 알려져 있다)는 '악이 승리할 때 필요한 것은 오직 한 가지다. 선한 사람들이 행동하지 않는 것이다.'라고 했다. 살만 루슈디(Ahmed Salman Rushdie 아흐메드 살만 루슈디, 영국의 소설가이자 수필

가는 소설 《악마의 시》에서 수피안의 입을 빌려서 이렇게 말하고 있다.

"사람의 본질이 변할 수 있느냐? 시인 루크레티우스(Titus Lucretius Carus, 고대 로마의 시인이자 철학자)는 본래의 자신에게 즉각적인 죽음을 내릴 수 있다고 했다. 반면, 시인 오비디우스(로마제국 시대의 시인. 즐거움을 노래하는 연애시로 유명하며 호라티우스와 더불어 로마 문학의 황금시대를 이루었다)는 우리의 영혼이 불멸하며 영원히 변함없는 본질을 지니고 있다고 했다. 자, 누구의 말이 맞은가?"

소설 속 살라딘 참차는 오비디우스를 버리고 루크레티우스를 선택하고 악마가 되었다.

모든 사람의 내부에 두 마리의 늑대가 산다는 인디언 전설이 있다. 한 늑대는 사악하고 성내고 질투하고 오만하고 거짓된 자긍심과 자만하는 에고ego를 지녔다. 또 다른 늑대는 선하고 기쁨, 평화, 사랑, 희망, 평온, 겸용, 진실을 가졌다. 내가 먹이를 주는 쪽이 살찌게 될 것이다. 앞의 늑대는 노예로 사는 삶이 될 것이고, 뒤의 늑대는 자유와 해방으로 이어질 것이다. 당신은 어느 늑대를 키우고 있는 가?

경계성 인격장애 borderline personality disorder

모든 인격장애는 자기 자신만을 극대화한 나머지 이타성을 상실한 극단적인 이기주의 속성을 지니고 있다. 특히 경계성 인격장애는 자아상, 대인관계, 정서가 불안정하고 충동적인 특징을 갖는 성격장애이다. 정상, 우울, 분노, 불안을 왔다갔다 한다. 자신이나 타인에 대한 평가가 변화무쌍해서 자해 자살행위도 잦다. 평생 유병률은 1~1.5퍼센트이지만, 점점 늘어나는 추세를 볼 때, 현대인의 병이라고도 할 수 있다.

기억의 숨소리

트라우마

트라우마(trauma, 큰 상처를 뜻하는 라틴어로 흔히 정신적인 외상, 충격적인 경험을 일컫는다)가 판을 치는 세상이다. 생각해보라. 오늘 하루는 어땠는가. 별일 없이 무난하게 하루를 보냈다면, 그것이야말로 축복이다. 진정한 축복을 누리기 위해서는 뉴스 방송은 보지 말 것, 인터넷이나 스마트폰을 보지 말 것, 그리고 신문에는 아예 눈도 돌리지 말 것. 그게 안 된다면, 우리의 일상은 별일이 없는 게 아니다. 그야말로 별볼 일 투성이다.

몇 년 전, 우리의 이목을 집중하게 하는 뉴스가 있다. 중학생인 의붓딸을 살해한 서른한 살의 계부와 범행을 공모했던 친모 사건이다. 의붓딸은 비명으로 횡사하기 전, 계부가 자신을 폭력하고 성추행했다는 사실을 폭로했다.

딸은 목포 경찰서에 성추행과 강간 미수로 계부를 신고한 바 있다. 그런 후 보복 살해가 일어난 것이다. 더욱 놀라운 사실은 살해당했던 현장에 함께 있었던 친모이다. 미리 사다 놓은 노끈과 청테이프로 의붓딸을 묶은 뒤 목을 조르는 동안 친모는 두 살배기(생후 13개월) 아들을 안고 있었다. 자신이 낳은 딸이 평소에 농락당하고 잦은 폭행까지 당하다가 마침내 죽어가고 있는데도 이를 매몰차게 방관했던 어머니. 열두 살인 딸아이뿐만 아니다. 생후 13개월의 아들은 무기력하게 사건 현장을 목격한 셈이다. 태어난 지 불과 일 년 남짓한 어느 날에 뜻밖의 사건 현장에 내던져진 것이다. 아직 아무것도 모를 것 같지만, 그렇지 않다. 인간은 두 개의 기억 시스템을 갖고 있다. 내재적 기억implicit memory과 외현적 기억explicit memory이다. 내재적 기억은 무의식의 기억이며, 생후 바로 활성화된다. 정서적 기억, 신체 감각적 기억, 행동 기억 등이 이에 속한다. 이러한 기억들은 시간 개념이 없으며, 언제 어디서 경험했는지에 대한 정보도 없다. 특별한 집중 없이 그냥 저절로 입력된 기억들이다. 그래서 애쓰지 않아도 저절로 출력되어 나온다. 이 내재적 기억은 의식적으로 자각하지 못하고 논리적인 말로 표현하기 어렵지만, 일생을 통해 지속된다. 살아가면서 행하는 어떤 행동이나 감정, 신념이나 가치관에도 커다란 영향을 주게 된다. 태어나서 세 살 정도까지는 해마가 완전히 발달 되지 않았기 때문에 이때의 기억은 우측 뇌의 편도체라는 곳에 있다. 언어 발달이 이뤄지기 전인 이 시기 동안은 내재적 기억의 형태로 저장되어 남게 되고, 외현적 기억으로는 저장되지 않는다. 두 살 아이가 불현듯 가지게 될 기억도 바로 내재적 기억인 것이다. 스웨덴 시인 토마스 트란스트뢰메르(Tomas Transtromer, 독일의 페트라르카 문학상, 보니어 시상(詩賞), 노이슈타트 국제 문학상, 2011년 노벨 문학상을 수상했다)는 〈기억이 나를 본다〉라는 시에서 이렇게 읊었다. '…… 녹음이 / 기억으로 무성하다, 눈 뜨고 나를 따라오는 기억. // 보이지 않고, 완전히 배경 속으로 /

녹아드는, 완벽한 카멜레온. // 새소리가 귀먹게 할 지경이
지만, / 너무나 가까이 있는 기억의 숨소리가 들린다.'

부디, 애꿎은 그 아이가 기억의 숨소리로부터 새로울
수 있기를. 모든 상황 속에서 따라오는 기억을 쳐내어 멀
리 보내기를. 스위스 신학자 카를 바르트가 했던 말, "어
느 누구도 과거로 돌아가서 새롭게 시작할 순 없지만, 지
금부터 시작하여 새로운 결말을 맺을 수는 있다"를 염두
에 두는 삶이 되기를, 부디 무의식적으로 침투했을 트라
우마를 무사히 잠재울 수 있기를.

트라우마trauma

트라우마는 빅big 트라우마와 스몰small 트라우마
로 구분된다. 여기서 빅big의 의미는 단순히 큰 사
건을 말하는 것이 아니라 일상적인 삶에서 자주
경험하는 것이 아니라는 뜻이다. 빅big 트라우마의
경험은 악몽, 플래시백, 공포, 불안, 사회 부적응,
외상 후 스트레스 증상을 일으킬 수 있다. 스몰
small 트라우마는 자존감이 상했던 경험처럼 일상
생활에서 자주 당했던 사건을 의미한다. 이런 경험
은 부정적이고 제한적으로 자신을 인식하게 해서
위축되고 불만족스러운 삶을 살아가게 한다.

신나게 산다는 것

나마스테

식목일이 지났다. 나무한테 미안할 노릇이다. 불바다 앞에 인간은 얼마나 속수무책이었던가. 동해 산불 진화의 결정타는 봄비였다. 육십 대 방화범의 86세 어머니도, 진화 작업 중이었던 소방관도 숨졌다. 한 인간이 앙심을 품고 저지른 처참한 결과다. 인간은 한계를 모른다. 꿈너머 꿈을 볼 줄 아는 존재다. 선행으로도 악행으로도 그러하다. 어느 쪽을 향해 바라보는지에 따라 달라진다.

인간 창조의 순간을 들여다보자. 시스티나 예배당 중앙 천장화 중 네 번째에 〈아담의 창조〉가 있다. 미켈란젤로는 구약 성경에 근거해서 최초의 인간을 이렇게 표현했다. 신은 지천사인 케루빔(Cherubim, 기독교에서 두 번째로 높은 계급의 천사인데, 보통 '아기 천사'의 모습으로 묘사된다)에 둘러싸여 있다.

그 왼쪽에서 아담은 아무것도 걸치지 않은 채 비스듬하게 앉아있다. 한쪽 다리를 세우고 다른 쪽 다리는 뻗은 채다. 시큰둥하기 그지없다. 치켜세운 무릎 위에 한 팔을 올려두고 있다. 신은 전력을 다해서 인간과 접촉을 시도한다. 신의 손가락은 간절함으로 가득 차 있다. 반면 신 따위에는 관심도 없다는 듯 인간의 손가락은 늘어져 있다. 조금만 더 의지를 내면 신과 닿을 텐데도 그렇게 하지 않는다. 있든지 말든지 상관없다는 식이다. 아예 신이 있는 것을 모르는 듯하다. 오만하기 이를 데 없다. 그저 집게손가락 하나만 들어 올려도 신과 잇닿을 텐데 그럴 기미조차 보이지 않는다. 인간의 강한 근육질 몸은 당당하다 못해 권태롭다. 인간과 신의 관계를 나타낸 미켈란젤로의 절묘한 혜안이라니! 인간이 신을 부르짖을 때조차 이러할지도 모른다. 오로지 일신을 건사하기 위해 신을 호출하나 동시에 신을 지운 채 허공에 대고 기도하는지도 모른다. 신과의 연결을 거부한 채 신의 말을 들으려고도 하지 않는다. '내 말만 들어주세요. 신은 원래 말 못하는 존재 아닌가요?'라는 식이다. 다만, 얼굴은 몸의 이런 반응과 사뭇 다르다. 눈은 신을 향해 몰입하고 있다. 경외와 두려움과 당혹과 열망이 골고루 배여 있다. 해서 얼굴과 몸은 따로 논다. 신을 향하고자 하는 마음을 몸이 배신하고 있는 형국이다. 몸 안에 갇힌 영혼이 침묵의 비명을 지르는 듯하다.

인간이 신을 아는 것은 소명이고, 신과 감응하는 것은 사명이다. 무소부재한 신이 내 마음 안에 들어오지 않을 리가 없다. 만물에 깃들지 않을 리도 없다. 깊은 내면에서 신을 만나는 것은 그리 어려운 일이 아니다. 미켈란젤로의 아담처럼 신을 도외시하거나 회피할 때 비극이 일어난다. 2022년 4월 1일, 베트남 하노이의 한 고교생이 부친이 보는 앞에서 28층 집에서 투신하고 말았다. 공부 감시를 위해 부친이 설치한 CCTV에 아이의 마지막 행적이

남아 온라인으로 퍼졌다. 자라나는 나무를 꺾은 것도 신을 무시한 끔찍한 발상 때문이다. 부모는 감시와 통제로 아이 안의 신을 죽였다. 신나는 것은 내면의 신이 활성화되는 것을 일컫는다. 부디 신이 날 수 있게 살고, 그렇게 살 수 있게 배려해 보자.

나마스테|Namaste

인도, 네팔, 티벳 등지에서 나누는 인사말 중에 산
스크리트어에서 나온 나마스테가 있다. 나마스테
는 나마스Namas와 테Te로 나눌 수 있는데, 나마스
Namas는 경의, 복종과 귀의歸依한다는 의미가 담겨
있으며, '나무아미타불'의 '나무'가 '나마스'에서 왔
다. 테Te는 '당신에게'라는 의미이다. 그래서 '당신
안에 있는 신께 경배를 드립니다'라는 의미를 가지
고 있다. 인간한테 존재하는 신을 인식하는 인사
말이다.

호모 룩스

Homo Lux

굳어진 마음에 찬물을

cold water on a hardened heart

영화 〈기생충〉 속 상징

물신주의와 인간성

기생충이 신종 코로나 바이러스를 물리쳤다. 연일 촉각을 곤두세우던 소식이 기생충에 집중하게 된 것이다. 영화 〈기생충〉은 2020년 2월 9일 제92회 미국 아카데미 시상식에서 작품, 감독, 각본, 국제영화상까지 4관왕을 차지했다. 무엇보다 자랑스러운 것은 우리나라 말이 전 세계에 전파되었다는 사실이다.

　영화가 성공하자 영화 속 구체적 장면들이 큰 반향을 일으키고 있다. 기정이 미술 가정교사 자리를 노리며 초인종을 누르기 직전에 부른 노래의 리듬은 〈독도는 우리 땅〉이다. 단 6초에 불과한 이 노래가 최근 해외 인터넷을 강타한 유명 '밈(Meme·유머 콘텐츠)'이 되기도 했다. 영화 속에 나오는 헨델의 오페라 〈로델린다〉(Rodelinda, 1725년에　헨델이 작곡한 오페라)의 〈나의 사랑하는 이여Mio caro bene〉도 회자되고 있다. 이 노래는 전쟁이 일어나고 있는 지하와 극단적 대비를 이루며 지상에서 울려 퍼지는 노래다. '짜파구리' 요리법은 유튜브에서 11개 언어로 소개되고 있다. 영화의 60퍼센트를 촬영했다는 전주영화종합촬영소도 화제다. 너도나도 축제 분위기다. 영화는 상업 유통의 메카가된 지 오래다. 이 영화가 휩쓴 상의 소용돌이에 갇혀 정작영화가 주는 메시지를 놓치고 있다. 작년에 개봉되었을 당시 찬반이 엇갈렸다. 누군가는 자녀들을 데리고 보지 못할 영화라고까지 했다. 무엇이 우리를 불편하게 했을까.

영화는 등장인물 기우가 말했듯이 몇 가지 '상징'으로 읽힌다. 대표적인 상징이 '돌', '물', '냄새'다. 기우의 친구 민혁은 수석을 선물한다. 재운을 가져다줄 이 돌이 자꾸 자신한테 달라붙는다고 기우가 말한다. 결국 수석은 숨어살던 근세가 기우를 내리치는 도구로 사용하고 만다. 냄새는 역겹고 경멸스러움을 상징한다. 가족이라는 사실을 숨길 수 없게 한다. 아무리 해도 빠지지 않는 가난의 냄새다. 자신만 살려고 도망가려는 박사장한테 기택이 칼을 꽂게 되는 순간도 바로 냄새 때문이다. 그가 죽어가는 사람에게 나는 피비린내에 코를 잡으며 차 열쇠만 손에 잡으려 했을 때, 충동적으로 사건이 저질러진 것이다. 물은 영화 곳곳에서 등장한다. 반지하 집 창문 위에 방뇨하는 자에게 끼얹는 물바가지, 범람한 물로 인해 침수당해 엉망인 집, 쏟아지는 비에도 안전한 아이의 미제텐트. 한편, 기우의 아버지 기택은 홍수로 인한 대피소에서 아들에게 말한다. "절대 실패하지 않는 계획이 뭔지 아니? 노 프랜. 계획대로 하면 반드시 계획대로 안 되거든. 계획이 없으니까 안될 일도 없고 사람을 죽이건 나라를 팔아먹건 다 상관없다 이 말이지. 알겠어?" 아이러니하게도 기우는 지하로 숨은 아버지한테 이제 획기적인 계획을 세웠다고 말한다. 오로지 돈을 버는 계획, 그리하여 햇살 좋은 그 집을 사는 계획. 영화 속 정교한 페이크(Fake, 가짜) 바로크 음악처럼 우리는 그 계획이 가짜라는 것을 짐작한다.

영화의 첫 장면과 마지막 장면의 오브제는 같다. 선풍기 덮개에 궁색하게 매달린 양말이다. 우리는 어디를 향해 맨발을 내디딜 것인가. 지하에 갇힌 인간성이 모스 부호(Morse code, 도트(점)와 대시(선)의 조합으로 구성된 메시지 전달용 부호)로 구조 요청을 해오고 있다. 이 영화는 물신주의에 매몰된 우리의 이성에 찬물을 와락 끼얹고 있다.

물신주의와 인간성

물신주의는 인간이 상품이나 화폐 따위의 생산물을 숭배하는 현상을 일컫는다. '물신 숭배'라고도 한다. 인간은 물건이 아니고 자연의 일부이기에 물신주의가 팽배할수록 병들어갈 수밖에 없다. 즉, 물신주의는 인간성을 파괴하는 주범이다. 보이는 것 위주에만 가치를 둘 때 물신주의가 횡행하게 된다. 반면 마음, 정신, 영혼 같은 보이지 않는 것을 귀하게 여길 때 인간성은 고양된다.

지금은 아픈 시대

통합과 영성

지금은 어떤 시대인가? 여러 각도에서 답이 나올 수 있을 것이다. 4차 산업혁명이라고 할 수도 있겠지만, 좀 더 큰 장에서 파악해보자. 코로나 시대인가? 통합의 시대인가? 이 역시 일리가 있는 말이지만, 좀 더 핵심을 짚어보자. 지금은 아픈 시대이다. 그러니 치유가 절실한 시대이다. 신기하게도 과학기술 문명이 발달하면 할수록 인류는 아프다. 속도와 경쟁으로 치닫는 구조는 자연스러움을 상실하게 만들기 때문이다. 자연의 한 존재인 인간이 자연스러움을 잃을 때 병리 현상 속에 매몰될 수밖에 없다.

휴대폰이 시야에서 사라지면 불안해지는 현대인은 누구나 기계에 중독되어 있다. 자연과 소통하는 시간은 극

히 드물다. 인간끼리도 원활한 소통이 잘 이뤄지지 않는
다. 아이들은 틈만 나면 게임에 몰두한다. 사이버 세계는
홍밋거리가 무궁무진하다. 즉각 보상이 주어지며, 휘황찬
란하게 변신할 수도 있다. 반면, 현실은 냉혹하다. 평가와
잣대의 시선이 달라붙는다. 그것을 외면하거나 회피할
수도 없다. 날마다 기를 쓰고 앞질러서 달려야 한다. 나
이가 들수록 자신의 가치를 드러낼 자신이 없어진다. 이
것이 바로 현대인이 가지고 있는 함정이다. 인간은 육체
라는 물질과 영혼이라는 비물질로 이뤄져 있다. 육체는
3차원에 있지만, 영혼은 3차원을 초월할 수 있다. 육체는
사라지지만, 영혼은 사라질 수가 없다. 다만, 차원을 이
동해서 이미 온 곳으로 돌아갈 뿐이다. 이 자명한 사실
을 기억하는 것은 너무나 중요하다. 보이지 않는 것에 관
심을 두는 것이 바로 치유를 향한 통찰의 길이다. 자꾸
변해가는 육체가 진짜 내가 아니라는 사실을 자각해야
한다. 언제나 온전히 그대로 존재하는 나는 바로 영혼에

있다. 본질은 변하지 않는 속성을 지녔으니 영혼이야말로 본질이다.

심리학은 그동안 큰 세 가지 물결이 있었다. 즉, 정신분석psychoanalysis,, 행동주의behaviorism, 인본주의 심리학humanistic psychology으로 흘러왔다. 다음이 무엇인지에 관해서는 의견이 분분하다. 중요한 것은 결정적으로 인간이 놓치고 있는 것에서 포착되어야 한다는 점이다. 물질 위주의 병폐는 비물질에 초점을 맞춤으로 인해 극복할 수 있다. 그럴 때, 성장과 회복이 함께 이뤄질 것이다. 또한, 어느 한 가지만이 아니라 '통합'을 이뤄야 할 것이다. 모든 유기체는 통합성을 지니고 있기 때문이다. 한 개체도 그렇지만 세상, 나아가 우주도 그러하다. 그렇다면 심리학의 제4 물결은 '통합·영성'의 물결이라고 할 수 있다. 영성은 어려운 개념이 아니다. 내 마음이 자유자재로 움직여서 타인의 마음에도, 자연이나 만물의 마음에도, 이 세상이 아니라 다른 차원의 세상까지도 드나들 수 있다는 사실을 알아차리는 것이다. 마음을 자연스럽게 풀어서 원하는 곳에 보낼 수 있다는 것을 아는 것이다. 찬란한 놀빛과도, 나뭇잎 사이에 내려앉은 햇살과도, 바람에 얼굴을 파묻고 있는 새와도 하나가 될 수 있다. 영성은 지극히 높고 멀리 있는 신을 부르는 것이 아니다. '하나님이 내 안에 있지만, 내가 곧 하나님은 아니라는 사실을 아는 것'이다. 그리고 이 모든 것에 '사랑'이 깃들어 있다는 사실을 자각하는 것이다.

지금은 통합·영성의 시대다. 이 사실을 깨달을수록 삶은 빛나고 아름다워진다. 바로 이 지점에서 심리 및 정신 치료를 행할 때 진정한 치유적 변화가 일어날 것이다.

통합과 영성

미국의 작가이자 미래학자인 앨빈 토플러Alvin Toffler는 "미래사회의 제5 물결은 영성의 시대다. 인간은 내면세계에 대한 목마름을 추구할 것이다. 어떤 개인이나 조직이건 영적인 깨달음을 통해서만 진정한 풍요를 누리는 시대가 올 것이다"라고 했다. 또 다른 미래학자 패트리셔 애버딘Patricia Aburdene도 "정보화 시대는 끝났다. 창조와 혁신의 시대가 왔다. 이 시대는 내면의 진실과 영적인 깨달음을 주도하는 기업이나 개인이 주도할 것"이라고 했다. 이제 인간을 이루는 통합적 관점에서 영성을 만나야 할 때이다.

삶의 의미를 실현하는 법

기기와 멀어지기

기계 문명은 인간을 압도하고 있다. 호주 선샤인코스
트 대학 연구팀이 밝힌 결과에 따르면, 젊은 층을 중심으
로 세 명 중 한 명의 두개골 뒷부분에서 뿔처럼 뼈가 자
라났다는 것이다. 이러한 '외후두 융기' 현상은 스마트폰
을 이용할 때 고개를 푹 숙이는 것이 원인이라고 한다.
스마트폰이 우리에게 미치는 영향은 지대하다. 국내 실
태조사에서는 사용자의 10퍼센트 이상이 과다 사용하고
있는 것으로 드러났다. 국내 대학생 608명을 대상으로
한 2016년도의 조사에 따르면, 사용자의 36.5퍼센트가
스마트폰 중독이었다. 한편, 2019년 5월에는 세계보건기
구WHO가 스위스 제네바에서 열린 세계보건총회에서 '게
임이용 장애gaming disorder'를 정식 진단명으로 인정하였다.
국제질병분류체계ICD-11 개정판에 '게임이용 장애'를 포함

시키며 '6C51'이라는 코드를 부여했던 것이다. 이 장애
는 일상생활보다 게임을 우선시해서 부정적인 결과가 발
생해도 게임을 지속하거나 확대하는 게임 행위의 패턴을
말한다.

　기계와 친해지는 동안 우리는 서로를 멀리한다. 소통
없이 불신과 경쟁의 구도로 치닫는 사회는 불행하다. 또
한, 스마트폰에서 나오는 강한 청색광에 오랜 시간 노출
되면 생체리듬이 깨질 위험도 크다. 과도하게 스마트폰을
사용하면 인체가 낮과 밤을 혼동해서 수면장애를 겪을
가능성이 높아지고 우울, 불안 등의 정신질환으로 이어
질 위험도 크다. 과다 사용에 대한 문제점을 부각시키는
연구와 조사만으로는 성에 차지 않는가. 우리는 알면서
도 하게 된다. 사실, 이런 게 바로 '중독'이다. 스마트 중독
으로 일어난 정보, 사고체계, 감성과 인지들을 형상으로
나타낸다면, 아마도 혼란, 뒤죽박죽, 현란, 너덜너덜일 것

이다. 한곳에 머무르면서 자신을 알아차릴 여유가 없다. 쉴새 없이 왔다갔다 해야 직성이 풀린다. 원하는 곳을 클릭하고 곧바로 넘어가지 않으면 답답해하고 화를 낸다. 그러는 동안 우리의 정신과 인체는 묘하게 뒤틀린다.

디지털 기술의 발달과 인체, 그 관계에 대한 회화적 상상력을 자극하는 매튜 스톤의 전시, '스몰 어웨이크닝 (small awakenings 작은 깨달음들)'은 기술 커뮤니케이션의 도구가 되어버린 인체의 이미지에 대한 통찰을 불러온다. 작가 매튜 스톤은 영국 런던에서 활동하는 화가이다. 예술이 주는 긍정주의가 세상을 치유할 수 있다는 의미에서 스스로를 아티스트이자 샤먼으로 부르기도 한다. 작품들은 거추장스러운 천들을 벗어 던지고 슬로건 없이 스스로 '사랑'과 '기쁨'을 깨달은 인간 본연의 모습을 보여주고 있다. 이 시대 우리가 필요한 것은 바로 알짜배기를 보고 깨닫고 느끼고 소통하는 것이다. 기계 문명을 아예 벗어던질 수는 없겠지만, 때때로 벗어나서 홀가분해지는 것, 군더더기 없이 삶과 죽음을 통찰해내는 것, 궁극적으로 삶의 의미를 실현하는 것이 절실하다. 스마트폰을 끄거나 두절하게 되는 상황으로 일부러, 자주, 함께 몰입해보자.

기기와 멀어지기

영국 웹사이트 'Time To Log Off'가 수집한 2022년 연구에 의하면, 코로나 봉쇄 기간 동안 영국 가정에서 스크린 타임 사용량이 70~80퍼센트 증가했다. 대부분의 사람들이 TV와 온라인 비디오 시청에 하루 일과의 40퍼센트를 보냈고, 성인은 하루 평균 8시간 41분을 화면을 봤다. 인간이 기기와 친할수록 정신건강에는 빨간 불이 들어온다. 영국에서는 디지털 해독을 위해 매년 6월 마지막 일요일 하루 동안 '플러그를 뽑는 날'을 정했다. 전자 기기를 멀리하는 것이 치유의 시작이다.

평가가 판을 치는 세상

호모 엠파티쿠스

판단과 평가가 판을 치는 세상이다. 상황과 사물에 대한 반응은 저마다 다르기 마련이다. 자신이 가진 가치척도에 따라서 옳고 그름이 매겨진다. 개인의 가치관은 겉으로는 상당히 개성을 가진 듯하다. 파고 들어가면, 세상이 외치는 논리에 휩쓸리고, 속해있는 환경이나 문화에 자기도 모르게 고정되어 있다. 자신이 아는 것이 전부라고 여기는 것은 프로크루스테스의 침대Procrustean bed를 실천하는 격이다. 그리스 신화 속의 프로크루스테스는 고대 그리스 아테네의 근교 도시 국가 아티카에서 살면서 행인을 유인해서 집 안으로 들어오게 한 후 자신의 침대보다 크면 큰 만큼 머리나 다리를 잘라 죽이고, 적으면 적은 만큼 몸을 늘려서 죽였다.

중국의 승천대사는 "지극한 도는 어렵지 않다. 단지 판단하는 마음을 버리는 것이다"라고 했다. 판단하는 마음을 내려놓기란 쉬운 일이 아니다. 우리의 이성은 끊임없이 판단을 종용한다. '판단을 중지'하는 것은 도를 닦는 것에만 쓰이는 고상한 말이 아니다. 철학을 조금이라도 들여다본 이들은 고개를 끄덕거릴 것이다. 현상학은 현상을 중시하는 철학이다. 현상학에 의하면 사태의 본성에 토대를 두고 형성된 방법만이 그 사태를 올바로 파악할 수 있다. 그 전제조건은 판단중지에 있다. 그것은 외부세계에 대한 믿음들, 특히 외부세계가 인간의 의식과 무관하게 자립적으로 실재한다는 믿음을 중단하는 것을 말한다. 일체의 선입견에 대해 일단 판단중지한 후 철학이 다루고자 하는 다양한 유형의 사태 자체로 귀환하는 '현상학적 환원'을 행한다. 판단중지는 현상학적 환원을 위한 전제조건이라고 할 수 있다.

판단의 잣대를 가진 채 생각을 뒤흔드는 논리는 비교

적 단순하다. 자아 중심적 사고 때문이다. 내가 가진 생각만 옳고, 타인은 그르다. 한치라도 양보하지 않는다. 그런 사고는 이유 불문하고 머리를 숙여야 하는 일상에서는 잘 드러나지 않는다. 익명이 보장되고 얼굴을 가릴 수 있는 사이버 공간에서 활개를 친다. 대상을 물고 늘어지면서 공격하기 십상이다. 가수 설리의 사망 원인이 이슈다. 그녀는 악성 댓글과 루머로 시달려왔고, 평소에 고통을 호소해오며 주위에 도와줄 것을 부탁했다고 한다. 네티즌들의 악의적인 비난이 정도를 넘었지만, 제어할 만한 동력은 그 어디에도 없었다.

잣대의 화신 프로크루스테스의 최후는 아이러니하다. 아테네의 영웅 테세우스 (Theseus, 그리스 로마 신화에 나오는 아테네의 영웅이었으며, 최고로 지혜로운 그리스의 영웅으로 손꼽힌다) 가 아이갈레오스 산 부근 에리네오스를 지나가자 유인해와서 자신의 침대에서 죽이려다가 오히려 테세우스한테 자신의 방식 그대로 당해 죽게 된다. 인간은 '호모 엠파티쿠스Homo

Empathicus' 즉, '공감하는 인간'이다. 자연계의 구성원들 중에서 가장 뛰어난 공감 능력을 가졌다는 의미에서 그렇게 말할 수 있다. 공감은 신경생리학적으로 보았을 때 정서와 직접 관련이 있다. 감정 중추인 변연계(imbic system, 인체의 기본적인 감정, 욕구 등을 관장하는 대뇌 신경계)와 거울 뉴런계 (mirror neuron system, 거울 뉴런은 타인이 행하는 행위를 관찰하기만 해도 자신이 그 행위를 직접 할 때와 똑같은 활성을 내는 신경 세포)가 연결되어 있기 때문이다. 공감력을 충분히 발휘하지 않는다면, 성인이 되어서도 미숙할 수밖에 없다. 타인의 고통을 아프게 바라볼 수 있는 능력, 입장을 바꿔 내가 당하면 똑같이 아플 것이라는 마음이 악행을 멈추게 할 것이다.

호모 엠파티쿠스Homo Empathicus

영국의 문화 사상가인 로먼 크르즈나릭Roman Krznaric이 자신의 책《공감하는 능력》에서 공감력 이야말로 인간의 정수요 인간관계의 핵심이라고 했다. 공감은 상상을 십분 활용해서 상대방의 마음과 합해서 일어난 상황을 느껴보고, 그렇게 상대방을 이해한 것을 통해 자신이 어떻게 해야 할 것인지 지침으로 삼아 언행으로 옮길 때 힘을 발휘하게 되고, 그것이 인간관계를 증진하게 된다고 했다.

영화 〈위트니스〉 종소리

선과 악

이 영화는 하늘거리는 들풀들로 시작한다. 하늘과 초원 사이로 상복을 입은 이들이 지나간다. 죽음은 슬프지만, 애도는 과하지 않다. 모든 것을 신의 섭리로 받아들인다. 1984년, 펜실베이니아에 거주하는 아미시가 등장한다. 이들은 18세기 전원공동체식으로 자급자족하며 그들만의 전통을 지키면서 살아간다. 아미시Amish는 개신교 재침례파 계통의 신도들이다. 영화 내용은 이러하다.

최근 남편과 사별한 아미시인 레이첼은 여덟 살 난 아들 사무엘과 기차역에 있다. 사무엘이 화장실에 있는 동안 살인이 일어났다. 형사 존은 유일한 목격자인 사무엘을 경찰서로 데리고 온다. 아이의 진술에 의지해서 유력한 용의자들을 보여주지만 찾지 못한다. 그러다가 아이는 진열장에 있던 고참 경찰 맥피의 사진을 지목한다. 거대한 마약과 경찰의 비리를 알게 된 존은 위기에 처한다. 그는 레이첼과 아이를 데리고 아마시 마을로 피신한다. 그 과정에서 맥피가 쏜 총에 맞은 존을 레이첼은 지극하게 간호한다. 마침내 회복한 존은 아미시 마을에 머물면서 그들과 어울려 살아간다. 존은 소젖을 짜거나 헛간을 세우는 일에 동참한다. 마을 사람들과 함께 마차를 타고 도시로 간 날이었다. 불량배 몇 명이 이들을 막아서며 놀렸다. 먹던 아이스크림을 뺨에 갖다 대며 조롱하기도 했다. 이 모든 수난을 그저 묵묵히 참아내는 아마시들. 그들의 사고방식은 사무엘의 조부가 하는 말 속에 담겨 있다. "사람의 손으로 만든 총은 사람 목숨을 앗아가지. 우린 목숨을 뺏는 것이 옳지 않다고 믿는다. 그건 하나님만 하실 일이다." 영화의 백미는 이렇다. 경찰 수장 폴을 비롯한 맥피 일당들이 무장한 채 존을 찾아온다. 존은 사력을 다해 이들과 대항한다. 마지막까지 남은 폴이 존과 사투를 벌인다. 인질로 잡힌 조부는 사무엘한테 종을 치라는 몸짓을 보낸다. 종이 울리고 들일을 하던 마을 사람들이 달려온다. 쟁기마저 다 놓고 빈손으로 모인다. 총을 겨누던 폴 세이커한테 존은 울분을 토한다. 이 사람도 죽이고 나도 쏠 건가? 이 아이도? 그렇게 하고 싶은 건가, 폴? 결국 폴은 총을 내려놓고 고개를 숙인다. 영화를 처음 만났던 고등학생 때, 이 장면에서 눈물이 났다. 비폭력이 폭력을 물리친다고? 이 어처구니없는 발상이 너무나 아름다웠다. 최근 보도에 의하면 아미시 공동체는 봉쇄 조치 없이 무사히 팬데믹을 통과했다. 그들이 좋아하지 않는 것은 정부, 공교육시스템, 의료시스템이다. 그런 그들한테 나쁜 콜레스테롤을 낮추고 심장병에 걸리지 않게 도와주는 놀라운 유전변이가 발견되기도 했다.

2022년 2월 7일, 익산 한 장례식장에서 조직폭력배끼리의 싸움이 일어났다. 각목을 들고 패싸움을 벌인 것이다. 이들뿐이겠는가. 처절한 이권 다툼이 혈안인 현대인들에게 영화 〈위트니스〉는 잠든 양심의 종을 울린다. 그 종은 들을 귀 있는 자들이 들을 수 있을 것이다.

선과 악

악한 일을 저지르고 승승장구하는 이가 많다. 양심 하나 없이 살아도 잘 사는 듯하다. 정신의학자 호킨스는 '의식혁명'에서 이런 말을 했다. "우주의 모든 것은 특정 주파수의 에너지 패턴을 지속적으로 방출하는데 그러한 에너지 패턴은 항시 남아 있다. 모든 말, 행위, 의도가 영구적 기록을 창조한다. 모든 생각이 알려지고 영원히 기록된다. 비밀은 없다. 감춰지는 것은 없으며, 감춰질 수도 없다. 우리의 영은 모두가 볼 수 있도록 시간 속에서 벌거벗은 채 있다. 만인의 삶은 최종적으로 우주 앞에서 책임진다." 그러니 어떻게 살아야 할까?

오직 한 방향만 바라보는 것

지상주의에 대하여

눈과 손을 끄는 것은 다분히 감각적이다. 네이버 콘텐츠제휴 73개의 언론사에 대한 2021년 데이터를 분석한 결과 가장 많이 읽힌 뉴스는 저질이었고 연성화된 뉴스였다. 기자협회보에 따르면 이를 '페이지뷰PV'에만 혈안이 된 'PV 지상주의'라고 밝혔다. 100만 뷰가 넘은 기사들이 많았지만, 사회적 중요한 이슈가 있는 기사는 드물다는 것이다.

'지상주의' 앞에 명사가 붙어 표방되는 뜻들은 대부분 끔찍하다. 오직 한 방향만 바라보게 한다. 외모 지상주의, 물질 지상주의, 행복 지상주의, 결과 지상주의, 실력 지상주의, 학력 지상주의, 종교 지상주의 등등이다. 그것에만 몰리는 이유는 '최고'라는 인식 때문이다. 입맛에 맞게 설정한 최고의 기준으로 값을 매긴다. 그 과녁에서 빗나가면 눈 밖으로 벗어난다. 가치 판단에 따라 뚜렷한 경계를 짓게 된다. 경계선 안에 들어오지 못하면 가차 없다. 그런 까닭에 목숨을 걸게 된다. 자신이 정한 가치에 목매다는 꼴이다. 개인뿐만 아니라 사회도 그러하다. 이미 우리 사회는 온갖 지상주의의 밭이 되고 말았다. 이렇게 해야 최고가 된다는 아우성이 곳곳에 즐비하다. 최고가 아니면 아무것도 아니라는 인식이 파멸로 몰아간다. 현대인들의 자존감은 점점 떨어지고 불안은 올라가는 이유가 바로 여기에 있다.

원래 '지상주의'는 러시아 화가 말레비치Kazimir Severinovich Malevich가 창시한 선구적 추상회화의 이념이다. '절대주의'라고도 부른다. 1913년 말에 그는 흰 바탕에 검은 정사각형을 두 개의 연필로 칠한 그림을 전시했다. 비대상적, 비재현적인 감각과 지각을 회화예술의 궁극적 지점으로 삼았다. 그의 절대주의는 플라톤Platon 식으로 말하자면, '이데아idea'의 추종이다. 모든 존재와 인식의 근거가 되는 초월적 실재가 바로 '이데아'다. 이는 감각 세계의 너머에 있는 실재이자 모든 사물의 원형이다. 이데아의 속성은 '진리'다. 하이데거는 현상계에서 진리가 일어나는 다섯 가지 본질적 방식을 예술작품, 사회적 행위, 존재에의 가까움, 희생, 사유라고 한 바 있다. 그러니 지상주의의 뿌리는 이 세상의 것이 아니다. 물질과 감각에 그 이름을 붙이는 것은 오독이다. 본뜻이 비틀어진 채 굳어져버렸다. 원래 지상주의의 행위를 하이데거식으로 말하자면, '맨머리로 서서 신의 빛살을 제 손으로 붙들어 노래로 감싸주는 시인'이다.

지상주의의 참뜻으로 보자면, 경계는 허물어진다. 삶은 성숙을 위한 현상의 장이기 때문이다. 하늘에 뿌리를 두는 모든 것이 그러하듯 노력은 경건하고 과정은 성스럽다. 옷깃을 여미며 정진하게 한다. 흔히 쓰는 지상주의로 보자면, 그것은 크고 넓은 문이다. 좁은 문에다가는 손가락질하기도 한다. 우르르 몰려가기도 쉽다. 그러다가 고꾸라지고 다치기 일쑤다. 좁은 문은 가난하다. 그렇지만 이 세상은 유한하나, 하늘은 무한하다. 이 원리대로라면 이제, 어떻게 해야 할까.

지상주의에 대하여

지상주의 앞에 명사를 덧붙여서 말하면, 대개 그 명사가 가리키는 것을 가장 으뜸으로 삼는 주의를 말한다. 예술, 외모, 커피, 실력, 자유 등등… 갖다 붙이기 나름이다. 그렇지만 명사를 붙이지 않고 '지상주의'라고 할 때, '절대주의'의 다른 이름으로 쓰이며, 말레비치가 창시한 선구적 추상회화의 이념을 뜻한다. 지상주의는 절대적인 순수를 표방하고 있다.

MBTI 유감

렐리기오

성격이 운명을 좌우한다? 일견 맞는 말 같지만, 그렇지 않다. 'personality'는 정신의학에서 '성격', 또는 '인격'으로 해석해서 'personality disorder'라고 할 때, 이를 '성격 장애' 혹은 '인격장애'로 번역한다. 사실 성격과 인격은 다르다. 인격은 사람으로서의 품격을 말하고, 성격은 고유한 성질이나 품성을 일컫는다. 정신 역동적으로 보자면, 성격은 심리 내적 갈등을 조정하는 개인의 습관적인 양식이다. 대개 성격의 40퍼센트는 유전적이고, 생후 7년간의 경험으로 결정된다고 본다.

일반적으로 많이 하는 성격검사가 'MBTI'이다. 분석심리학자 융Jung의 이론에 근거하여 모녀인 브릭스와 마이어스가 개발했다. 인식과 판단, 내향성과 외향성, 감각과 직관, 사고와 감정으로 16가지 유형을 나눈 자기 보고식 검사다. 성격 유형에 따라 선호하는 색깔, 디자인으로 제품을 만들고 이 성격에는 이것을 추천한다는 식으로 활용하기도 한다. 흔하게 따라오는 것은 직업군인데, 이 성격에는 이 직업이 맞다는 식이다. 이렇게 진학 지도, 기업 마케팅으로 활용하는 것에서 나아가 최근에는 채용에서도 적용한다고 한다. 특정 유형을 배제하겠다거나 외향형을 우대한다는 식이다. 이는 성격을 인격으로 오인한 것뿐만 아니라 억지 춘향 격이다. 내향성과 외향성의 본래 의미는 흔히 알고 있는 것과 다르다. 소극적이고 조용하고 표현을 잘 하지 않는 것은 내향성, 도전적이고 진취적이며 활동적인 것이 외향성이라고 융은 말한 적이 없다. 융은 오로지 정신적 에너지 방향성으로 이를 구분했다. 즉, 주체보다 객체에 관심을 두고 외부의 기준에 따라 판단하고 행동하는 태도를 '외향적 태도', 내부세계로 향하면서 객체보다 주체에 관심을 두고 객관적 상황보다 자신의 주관적인 기준에 따라 판단하고 행동하는 태도를 '내향적 태도'라고 했다. 또 융은 서양인이 갖는 외향적 태도의 일방성을 비판하고, 동양의 내향적이며 전일적 사고를 강조했다. 그뿐 아니라 융은 인격이 통합되기 위해서는 인간은 내향적 태도로 자기 안으로 들어가야 한다고 보았다. 내향성은 35세에 시작해서 40세에 본격적으로 활성화할 수 있다고도 했다. 또한, 자아ego가 의식의 중심이라면 자기Self는 의식과 무의식을 포괄하는 전체 정신의 중심이고 '신적인 은혜를 위한 그릇'이라고 했다. '자기'를 향해 가는 과정이 바로 에너지 중심을 내면으로 돌리는 '내향성'의 과정이다. 그 과정을 거부해서 자아가 자기로부터 멀어져서 관계를 상실할 때 신경증이 생긴다는 것이다.

세상이 거꾸로 돌아가고 있다. 정작 융이 'MBTI'의 현대판 활용도를 알면 대경실색하고 말 것이다. 신성한 것

에 대한 성실하고 주의 깊은 관조의 자세, 렐리기오religio
가 필요하다. 성격 유형의 그 어떤 것도 '내면의 속삭임'
을 따라가지 못한다. 그것이 바로 진정한 운명이 된다.

렐리기오

라틴어 렐리기오religio는 신적인 존재에 대한 경외, 경건, 종교심이나 신앙심으로 숙연한 태도를 말한다. 초월적인 존재에 대한 깊은 인식이 바탕이 되어야 나올 수 있는 자세다. 보이는 것이 전부가 아니라 보이지 않는 영적인 세계에 관심을 갖고 탐구하다 보면, 렐리기오가 일어날 수밖에 없다. 결국은 신을 닮은 인간의 삶 또한 렐리기오적이다.

마음 안의 마음

알아차림

설 명절도 지났다. 기어이 한 살을 더 먹었다. 감회를 묻는다면, 손사래 칠 것인가? 어릴 때야 나이 먹는 게 즐겁지, 늙어서의 나이는 서러울 뿐이라는 말에 동의하시는가? 어쨌거나 시간은 아무 잘못이 없다. 절대적으로 공평한 것이 물리적 시간이다. 거꾸로 돌릴 수 없으니 다만 앞으로 나아갈 뿐이다.

나잇값은 고사하고 갈수록 아집만 늘어가기 일쑤다. 인간이 얼마나 완강하게 버티냐면, 죽어서도 그러하다. 끔찍하게 죽인 두 명의 아이들이 있다. 자신도 자살했지만, 죽었다는 사실조차 부인한다. 생전에 살았던 집을 사념으로 완벽하게 떠올리고 그 안에서 두 아이와 살아간다. 그러다가 벌어지는 환경에 의해 처한 상황을 알아차린다. 이미 죽었다는 사실을 순간 깨닫지만, 그것도 사정없이 왜곡시키고 만다. 입을 막으니 아이들이 그만 죽어버렸고, 신의 은총으로 이렇게 다시 살아났다고 믿는다. 그다음 순간 더욱 자신을 철통 수비한다. 우리는 죽지 않았어! 이 집은 우리 집이야! 이 말을 아이들한테 복창하게 한다. 영화 〈디 아더스〉의 결말이다.

'알아차림'과 '깨달음'은 동격이다. 알아차림은 자기 자신을 살필 힘을 가지는 것을 의미한다. 그것은 마음 안의 마음, 생각 속의 생각이다. 내면의 정중앙에서 나를 바라보는 것이다. 마음의 흐름을 포착하는 것은 어려운 일이 아닌데도 쉽지 않다. 이 말의 모순은 실천과 훈습으로 인해서다. 직접 해보고, 자주 하면 '성찰'이라는 훌륭한 골짜기가 새겨진다. 그곳에서 삶의 풍성한 물줄기가 흘러서 바다로 향하게 된다. 사유를 사유할 수 있는 유일한 존재가 인간이다. 그로 인해 인간은 독특한 존재론적 인식이 가능하다. 그것이 '깨달음'으로 이어진다. 정신의학자 데이비드 호킨스가 밝힌 의식 에너지의 최고 수준이 바로 '깨달음'이다. 여기에는 '영성'의 강력한 작용이 존재한다. 빛이 주변을 비추듯이 깨달음의 끝개 에너지장에서는 인류에게 영향을 줄 수밖에 없다. 깨달음이 가능한 것은 인간이 영적인 존재이기 때문이다. 과학자이자 신학자인 테야르 드 샤르댕 신부는 이런 말을 했다. "우리는 영적인 체험을 하는 인간이 아니라, 인간 체험을 하고 있는 영적인 존재이다."

어떻게 하면 알아차릴 수 있을까? 일상에서 어떻게 실천할 수 있을까? 지금, 당장, 이 순간에 내가 어떤 생각과 느낌, 감정을 가지고 있는지 그냥 바라보고 언어로 표현하면 된다. 형용할 수 없다면 그렇다고 말하면 된다, 굳이 겉으로 표현하지 않고 속으로 말해도 된다. "내가 지금 울고 싶구나", "내가 지금 무척 화가 나고 있구나", "욕이 튀어나올 정도구나"라고 있는 그대로 나를 바라보는 것이다. 단, 자신을 방어하지 말고 진솔하게! 무엇이든 습관이 되려면 자꾸 해봐야 한다. 해보면, 놀라운 변화가 일어날 것이다. 부정의 안개가 걷히고 오롯한 평강이 스며드는 것을 알게 될 것이다. 지혜는 자기 자신을 아는 것에서 시작된다고 했던 소크라테스의 말대로 삶의 지혜가 떠오를 것이다. 그러니, 한 살 더 잡수신 당신을 너그럽게 바라보는 내면의 아름다운 눈을 기억하자.

알아차림

알아차림을 영어로는 'mindfullness'라고 한다. 글자 그대로를 짚어보자면, 충만한fullness 마음mind을 말한다. 경우에 따라서는 '명상'의 의미로도 쓰인다. 무엇으로 충만할까? 삶은 새롭게, 전혀 살아보지 못한 매 순간으로 이루어져 있다. 놀랍고 기쁘고 신비롭다. 내가 가진 생명은 우연을 가장한 필연이다. 그것만으로도 차오르는 충만을 간직할 수 있다.

에필로그

Epilogue

호모 룩스

새로운 마지막

곳곳에 풍선이 날고 있습니다. 땅에서 쏘아 올리는 불꽃놀이가 경쾌합니다. 알록달록한 색채가 화려한 옷을 입고 등장한 이들이 다소곳하게 앉아 있습니다. 아델의 노래 〈Someone Like You〉가 흘러나오고 있습니다. "당신이 행복하기만 바랄게요…… 걱정도 염려도 마세요. 후회와 실수들이란 게 추억에서 만들어진 것뿐이에요. 누가 알았겠어요? 추억이란 게 이렇게 달콤하고도 씁쓸할지요?" 연이어 〈Make You Feel My Love〉가 흘러나옵니다. "비바람이 스칠 때나 세상의 짐이 너무 버거울 때, 내가 당신을 따뜻하게 감싸줄게요. 당신이 내가 보내는 사랑을 느낄 수 있도록." 열 명 남짓한 이들이 언덕바지에 옹기종기 앉아서 노래를 듣고 있습니다.

이제 내 목소리를 들려줄 차례입니다.

"안녕? 지금, 약간 울려고 하지? 그러지 마. 난 잘 있어. 아무 염려 마. 내가 잘 쓰던 말 알지? 그야말로 신기해! 여긴 아름다움으로 가득 차 있어. 잘 지내다가 다시 만나. 많이 웃고 기뻐해 줘. 마지막 이 순간까지 함께 해 줘서 고마워. 안녕!"

애교와 익살이 가득한 목소리 입니다. 모여있던 이들이 천천히 일어나서 원을 지으며 섭니다. 가운데 놓인 검은 상자를 엽니다. 순식간에 바람에 실려 날아가는 하얀 가루 속에 나는 없습니다. 그곳에 내가 없기에 나는 모든 곳에 존재할 수 있습니다. 당부했는데도 울먹이는 이한테는 약속을 어긴 대가로 살그머니 다가가 그의 어깨를 감싸줄 겁니다.

내가 기획하는 내 장례식입니다. 부디 번거로운 절차가

없기를 바랍니다. 삶도 죽음도 자연스럽다는 것을 알게 되기를 바랍니다. 더없이 따뜻하고 포근한 위로의 순간이기를 바랍니다. 갑자기 이런 말을 꺼내는 것은 왜일까요? 심리적인 위기에 처해서가 아닙니다. 오히려 그 반대입니다. 인간이 만나는 가장 두려운 순간이 '죽음'이라면, 어디 한번 죽음을 정면에서 다뤄보고 싶어졌지요. 죽음에 대한 긍정적인 인식은 삶을 빛나게 하니까요.

미국 시사 주간지 '타임'이 선정한 '20세기 100대 사상가' 중 한 명인 의학자 엘리자베스 퀴블러 로스는 "죽음이란 나비가 고치를 벗어던지는 것처럼 단지 육체를 벗어나는 것에 불과하다. 죽음은 계속해서 성숙할 수 있는 더 높은 의식 상태를 향한 변화일 뿐이다."라고 했습니다. 2004년, 그녀의 장례식은 파티 같았다고 합니다. 풍선으로 장식한 하얀 상자를 열었고, 커다란 호랑나비가 날아올랐지요. 그녀는 호스피스 환자들을 인터뷰하면서 죽음을 앞둔 사람들의 심리를 체계적으로 연구한 것으로 유명

합니다. 19세 때, 폴란드 마이데넥 유대인 수용소 벽에 그려진 나비들을 목격하고, 삶과 죽음의 의미를 평생에 거쳐 천착하게 된 것이라고 합니다. 그런 그녀는 생의 후반부에는 사후의 생에 대해 연구하기 시작했습니다. 이미 사망했지만, 그녀를 찾아와서 메시지를 들려주는 존재를 만나면서 촉발된 연구였지요. 그녀는 이렇게 말한다. "잘 산다는 것은 근본적으로 사랑하는 법을 배우는 것이다. 사랑이란 삶이자 죽음이다. 아니 그것은 같은 것이다."라고요. 죽은 뒤를 어떻게 완벽하게 아느냐고 따져 묻는다면, 할 말이 없습니다. 그렇지만 충분히 짐작할 수 있습니다. 모호하고 아련한 그 경계선을 살짝 넘어서 다녀온 무수한 이들의 증언이 있으니까요.

우리는 매 순간 죽고, 다시 태어납니다. 마지막은 다시 새로운 시작이라는 진리가 내 손을 이끌고 이 글을 쓰게 했습니다. 한 해의 마지막이 다가올 때쯤 생각해봅니다. 연초에 품었던 계획들은 어디로 갔을까요? 무엇을 하며 한 해를 보냈던가요? 시간은 급물살을 타고 흘렀습니다. 내 삶의 마지막 때는 어떨까요? 내 생애에서 남은 것은 무엇일까요?

지나온 내 삶을 돌이켜볼 때가 되었습니다. 자칫하면 그럴 여유가 없다고 넘어가기 일쑤지만요. 우리의 세계는 거칠고 잔인하면서도 신성한 아름다움이 있습니다. 무의미와 의미는 어떤 것이 더 우세하다고 믿느냐고 하는 개인의 기질에 따라 결정됩니다. 무의미가 지배적이라면, 인생의 의미는 점점 사라지고 말 것입니다. 분석심리학의 창시자 칼 융에 의하면, 십중팔구 양쪽 모두 다 진실입니다. 삶은 의미가 있기도 하고 없기도 합니다. 그렇지만 융은 의미가 우세하며, 이 둘의 전투에서 이기리라는 '애타는 희망'을 가진다고 했습니다.

삶의 의미를 지니는 것은 어렵지 않습니다. 성찰과 통

찰을 할 수 있으면 됩니다. 그럴 때 삶이 아름다워질 수도 있습니다. 대개의 갈등은 인간관계로부터 빚어지기 마련입니다. 에너지는 상호교류하기 때문에 긍정적 에너지를 줄 수 있다면, 신뢰와 사랑이 돈독해지겠지요. 행복감과 삶의 질도 높아지게 됩니다. 그런 뜻에서 '더불어 행복해지는 십계명'을 제시해봅니다.

첫째, 이 세상에는 나 혼자 살아나갈 수 없다는 사실을 기억해봅시다.

둘째, 누군가를 만난 것이 최악이라고 하더라도 결국 순리대로 극복해나갈 것을 믿어봅시다.

셋째, 누군가를 만난 것이 최고라고 하더라도 언젠가는 떠나보내야 한다는 것을 받아들여 봅시다.

넷째, 매일 감사한 것을 한가지씩 꾸준히 떠

올려봅시다.

다섯째, 나를 응원해주는 누군가가 있다는 사실을 떠올려봅시다. 그 대상은 이 세상에 살아있거나, 이미 돌아가셨던 분, 혹은 사람이 아닌 어떤 존재 가운데 분명히 있습니다.

여섯째, 누군가에게 도움을 받았던 일과 도움을 주었던 일들이 있을 것입니다. 이제부터는 조금씩 도움을 주는 일을 늘려보시기 바랍니다. 도움은 엄청난 행위를 일컫는 것이 아니라 긍정의 마음을 뜻합니다.

일곱째, 즐거움과 기쁨을 나눌 수 있는 대상을 마련해봅시다.

여덟째, 내가 이 세상에 태어난 것에 대한 필연적인 이유를 세상과 연관 지어 깨닫고, 어떠한 어려움에도 불구하고 그 목적을 향해 나아갑시다.

아홉째, 아무리 최악인 사람에게도 그 사람만의 장점이 있다는 것을 생각하고 찾아봅시다. 혹은 그 사람으로 인해 어떤 것을 깨달을 수 있을지 자신을 살펴봅시다.

열째, 매일매일의 삶은 영혼을 성장하기 위한 절호의 기회이며, 이러한 영혼의 성장은 타인과의 관계로 인해 형성된다는 것을 기억합시다.

이 계명의 효과는 바로 당신의 마음에 달려있습니다. 말도 되지 않다고 치부하면, 그럴 것입니다. 피상적인 말이어서 와 닿지 않는다고 해도 그럴 것입니다. 반면, 받아들이고 품으면 또 그렇게 될 것입니다. 융의 말대로 '애타는 희망'을 가진 채 감히 당신 앞에 바칩니다.

마음의 빛 호모 룩스

발행일 초판 1쇄 발행 2023년 6월 5일 | **지은이** 박정혜 |
펴낸이 최현선 | **펴낸곳** 오도스 |
주소 경기도 시흥시 배곧4로 32-28, 206호 (그랜드프라자) |
전화 070-7818-4108 | **이메일** odospub@daum.net

ISBN 979-11-91552-17-1(03180) | Copyright ⓒ박정혜, 2023
책값은 뒤표지에 있습니다. 잘못 만들어진 책은 구입하신 서점에서 교환해드립니다.

odos 마음을 살리는 책의 길, 오도스